La capacité de s'aimer

DU MÊME AUTEUR

Aux Éditions Payot

Un homme + une femme = quoi ?

Chez d'autres éditeurs

Le Désir et la Putain. Les enjeux cachés de la sexualité masculine (avec Antonio Fischetti, Albin Michel)

Elsa Cayat

Avec la collaboration de
François-Xavier Petit

La capacité de s'aimer

PAYOT

Retrouvez l'ensemble des parutions
des Éditions Payot & Rivages sur

payot-rivages.fr

106, boulevard Saint-Germain, 75006 Paris

À Hortense

AU LECTEUR

Elsa Cayat avait l'habitude de commencer chacune de ses séances de thérapie en disant à ses patients, de sa voix forte et entraînante : « Aloooors, racontez-moi ! », tant elle croyait que la psychanalyse pouvait sauver des vies.

La sienne s'est brusquement arrêtée le 7 janvier 2015, dans les locaux de *Charlie Hebdo*, aux côtés de ses amis. Elsa Cayat tenait la chronique psy de *Charlie*. Avec eux, elle a été assassinée.

Elle laisse ce texte derrière elle. Elle l'avait entrepris il y a plus d'un an et touchait au but, avec l'aide et le regard de François-Xavier Petit. C'est lui qui a achevé de mettre en forme le manuscrit d'Elsa Cayat, *via* ses notes et la complicité intellectuelle qu'ils partageaient.

Ce texte prend aujourd'hui un sens différent. Ne serait-ce que par son beau titre. C'est bien l'incapacité de s'aimer les uns les autres qui a emporté Elsa Cayat. De bout en bout, elle avait vu juste.

D'elle, en plus de souvenirs magnifiques, il reste maintenant cette réponse à la barbarie, en forme de pied de nez (pour ne pas dire plus). Ce n'était pas la vocation de ce livre, mais c'est bien ce qui en ressort désormais. Preuve en est que personne ne pouvait la faire taire. Et puisque les mots étaient si importants pour elle, eh bien, on peut dire que c'est elle qui a eu le dernier !

« Y a deux types qui ont dit des trucs, Freud et Lacan. Les autres ont répété », lui a-t-on entendu dire. Mais elle n'était ni l'un ni l'autre. Elle était « cayatienne » en quelque sorte, à part, aussi radicale qu'ouverte et drôle.

Voici donc quelque chose comme son testament. Iconoclaste, intelligent, dévorant la peur, l'interdiction, la culpabilité et tout ce qui rend malheureux.

PRÉFACE

par François-Xavier Petit

Pourquoi avons-nous donc si peur ? C'est la question que pose ce livre, une question qui n'est pas anodine, car ce n'est pas d'une petite peur comme il en existe tant dont il s'agit, mais de la plus grande peur, cachée par tous les moyens : la peur d'être soi, d'être heureux, et d'être libre ; non pas dans l'absolu, mais soi parmi les autres, soi dans les liens d'amour que l'on cherche et que l'on tisse, soi dans la relation de filiation qui imprime sa marque indélébile dans le corps et dans l'esprit de chaque être.

Ce texte d'Elsa Cayat est un manifeste. Un manifeste qui sait que les individus peuvent être libres et capables. Affirmation classique et banale, me direz-vous, « car nous sommes des individus libres en droits », affirment nos textes fondamentaux. Mais derrière cette magnifique proclamation de papier, ne voyez-vous pas, chers lecteurs, que le système nous vide – plus qu'il ne nous prive – de cette liberté et construit l'incapacité et l'irresponsabilité de tous ?

Le système, c'est l'armature de la société, de la politique et de l'économie, les préjugés sur lesquels reposent les lois, les valeurs et les normes mises en circulation. C'est en quelque sorte « la condition de l'homme moderne », l'homme poussé à passer hors de soi par l'impératif de rentabilité et de performance ordonné par une autorité d'autant plus oppressante qu'elle est désincarnée. C'est l'argent, non seulement comme bien, mais aussi comme mesure de sa propre valeur, comme système faux qui condamne à passer à côté de soi. C'est la science ramenée au rang de technique et qui conduit à la méfiance. En somme, donner aux humains la force de la technique (comme la procréation médicalement assistée), ce serait ouvrir les vannes de la production incontrôlée et criminelle d'enfants. Là où le désir d'un enfant est une aspiration lumineuse, la peur de l'inconnu, de la science regardée comme une technique (alors que toute science suppose une conscience) paralysent.

Derrière cela, il y a la peur de déconstruire et de modifier les normes. N'avez-vous pas entendu les uns et les autres dire : « De tout temps, on a fait les enfants comme cela ? »

Le fond du système, c'est donc la peur, la peur panique que l'on a vis-à-vis de la possibilité d'être libre et responsable, ce qui réduit l'homme à s'automatiser, à se fuir de l'intérieur et à s'accrocher à l'extérieur – au cadre, aux règles, aux normes, aux traditions. Partout on brandit l'intérêt de l'enfant pour priver du droit d'être parent une certaine partie de la population, à défaut d'interroger le sol sur lequel pourrait s'épanouir une relation parents-enfants ; partout on s'accroche au cadre au lieu d'interroger le fond. C'est la défiance portée au paroxysme vis-à-vis de gens rendus incapables de vouloir, incapables d'assumer des décisions difficiles qui engagent l'être.

Au lieu d'élever vers la liberté, on pousse à se réfugier dans ses peurs, à s'agenouiller devant des autorités fantasmées et prétendument incontestables (dame Nature en est le meilleur exemple). En somme, il vaudrait mieux vivre dans la peur et l'ignorance, blotti dans les recoins sombres d'un système autoritaire, comme le serf médiéval qui craint et exècre son seigneur mais se réfugie dans l'enceinte de son château fort quand la menace gronde, qu'exercer pleinement sa liberté de pensée et de conscience, mais une liberté qui est nécessairement sans filet, sans ce sacro-saint cadre auquel on se raccroche.

En effet, penser est un risque, vivre est un risque, être soi est un risque, car il faut surmonter ses blessures, notamment ses blessures originelles et constitutives, celles de l'enfance, celles qui sont enfouies le plus loin dans l'inconscient. À l'évidence, c'est le plus grand risque, car l'on est chacun notre plus grand adversaire, l'ennemi le plus intime, celui qui connaît le mieux les failles, les faiblesses, les lâchetés et les désirs ; celui à qui l'on ne peut jamais mentir complètement, celui qui est le plus difficile à aimer tant l'amour et la haine sont proches.

Voilà le sujet de l'essai qui va suivre. Il porte sur la difficulté et la capacité d'aimer et de s'aimer. Et d'abord à reconnaître la différence de l'autre, à lui faire une place, tant il nous est déjà difficile de faire une place à notre propre différence. Car pour pouvoir aimer l'autre et être aimé, il faut d'abord revenir à soi, être capable de s'aimer soi-même. Et c'est à travers la question de la filiation, débat qui fait rage dans l'actualité, qu'Elsa Cayat commence à observer la question de l'amour.

Ce livre fonctionne finalement comme une psychanalyse collective : mettre des mots et des histoires sur les mouvements qui travaillent la société et broient la réflexion sur la filiation et sur le droit. Il débusque la peur, cette peur de la femme, par nature vénale et irresponsable, qui ferait de son corps un objet, une marchandise. Et si l'on plonge plus profond encore, ne pas vouloir toucher à la famille, à son ordre, c'est refuser obstinément de s'interroger sur les liens d'amour, comme si la transmission génétique était garante de l'amour, comme s'il fallait des molécules d'ADN pour cela. Mais voilà, poser le lien génétique comme support automatique de l'amour évite d'ouvrir les yeux, de peur de découvrir qu'il n'y en a pas. Voilà l'individu renvoyé aux questions les plus essentielles : qu'est-ce qu'aimer et comment aimer ceux que la norme nous ordonne d'aimer « par nature » : nos parents ou nos enfants.

Et si ces présupposés étaient faux ? Et si le droit qui s'appuie dessus procédait d'une erreur ? Et si nous passions à côté de ce qu'est l'amour et la filiation ? Et si nous avions trop peur de regarder la société en face, dans l'immensité de ses préjugés et de son inconscient ? Et si nous avions peur de nous regarder nous-mêmes dans ce que l'on admet comme allant de soi, de peur de l'interroger, de remuer ce qui pourrait nous remuer mais qui, pourtant, est la seule manière de produire un amour véritable ? Ce sont les questions que pose ce texte. Elles ne sont pas minces !

Car derrière ces refus de s'interroger, on continue, sciemment ou non, à opter pour un contrôle croissant de la population, et pour la restriction des droits au nom de prétextes qui manquent de raison – à coups de mots faisant écran à une réflexion qui déserte : « nature », « parent », « amour », « identité », « droit » et son « objectivité », « loi ». Alors, chiche ! Parlons de tous ces mots et de leur sens, mais parlons-en vraiment, non pas à partir de nos préjugés, mais en s'appuyant sur la théorie et notamment la psychanalyse, sur ce qu'elle a montré du langage. En effet, à quoi renvoie, par exemple, la notion de loi, notion érigée en absolu ? N'est-ce pas à cet imaginaire surmoïque enfantin empreint à la fois d'un désir immense de protection et de sanction punitive ? Alors peut-être que l'on comprendra mieux l'usage que l'on en fait aujourd'hui ! Toutes les lois sont fondées sur des présupposés in-interrogés dont seule l'analyse permet de dégager les idéaux cachés, les représentations politiques et morales, les normes qui structurent une société à une époque donnée. À l'évidence, c'est décapant.

Mais le simple fait de croire que les gens sont responsables et capables – notamment de se libérer pour s'aimer, aimer et prendre le risque d'exister – est en soi décapant, dans une société de l'incapacité généralisée.

François-Xavier PETIT

INTRODUCTION

Comment s'aimer soi-même et comment aimer les autres ? Le récent débat sur la filiation nous servira de point de départ. C'est le symptôme. Un symptôme qu'il faut étudier, décortiquer, interroger pour bien comprendre ce qui se joue dans notre rapport à soi et aux autres. Par cercles concentriques, nous étendrons la réflexion.

De la filiation à la société tout entière, quelle est notre capacité de s'aimer ? Pourquoi l'enjeu de la filiation est-il si puissant, de nature à mobiliser les foules, à occuper les antennes et les ondes, l'actualité politique ou les conversations ? Parce qu'elle touche un enjeu originel : l'abandon.

L'abandon est le plus puissant rapport qui unit l'enfant à ceux qu'il reconnaît comme ses parents. C'est là que se noue la situation psychanalytique : l'abandon de son être dans la dépendance vis-à-vis de l'autre, cet abandon jamais soldé et autour duquel tout s'ordonne.

La fusion est le fantasme symétrique à l'abandon. La fusion inférée au rapport sexuel qui emboîte deux corps puis qui fait pénétrer un spermatozoïde dans un ovule et donne au final un être issu de deux autres. Elle cimente un manque interne que l'autre en réalité ne peut combler. C'est le même fantasme de fusion qui s'exprime dans la transmission du nom, sorte d'idéalisation naturelle qui amène à condamner (ou à occulter) d'autres formes de parentalité, telle l'homoparentalité, et les milliers d'enfants et d'adultes vivant dans cette situation.

Il y a du biologique dans la reproduction et dans l'identité, bien sûr. Mais il y a beaucoup plus.

On ne naît pas parents, on le devient. On n'aime pas ses enfants *a priori*, on n'aime pas ses parents *a priori*, on construit une relation qui donne à chacun la possibilité d'aimer l'autre et de s'aimer soi-même. C'est ce chemin qu'il faut reconstituer. Et pour cela faire voler en éclats les écrans qui nous en empêchent, comme cette injonction à croire en la génétique – injonction protégée par le droit ; comme ce refus de considérer que d'autres formes d'amour et de familles peuvent exister à côté de la famille hétérosexuelle. Tous ces écrans sont des abus. Abus de soi, abus de l'autre. Et autant d'occasions de fantasmes et de symptômes.

Pourquoi ?

Pour éviter la vraie question, celle qui terrorise chacun : la question de l'amour. Ces écrans ne font que révéler de façon grossissante non seulement la difficulté humaine de toute filiation, mais aussi d'un point de vue beaucoup plus large, la difficulté humaine d'aimer – et d'abord de s'aimer.

Car pour cela, il faut localiser ses failles et ses souffrances ; et ouvrir la voie à son désir. Cela fonde ou refonde la relation à l'autre et la capacité de s'aimer pour pouvoir aimer l'autre, libéré de la relation de toute-puissance qui traverse l'enfance et qui blesse.

L'oubli de soi, fondamentalement, s'enracine dans la douleur. C'est ce que démontre ce livre. Sachons donc ne plus nous cacher derrière des écrans, tant dans la filiation que dans la société (où ces écrans s'appellent argent, violence, droit malheureusement…), faute de pouvoir s'aimer, faute de réfléchir et de s'arrêter sur son propre passé.

En réalité, la question de l'amour, c'est d'abord la question de soi. Comment a-t-on été aimé pour pouvoir s'aimer et aimer au moment d'avoir un enfant ? Or, plus cette relation d'amour est conçue comme naturelle, moins il est possible de prendre conscience de sa filiation et plus l'homme reproduit un mécanisme hérité depuis des générations : l'abus, la violence et la souffrance en mettant l'amour hors de question, ce qui se traduit dans les faits par son absence. Alors le système devient « déshabité » – c'est un mot fort du texte qui va suivre – vide de sens et vide d'hommes, peuplé d'ombres et de cadavres à la renverse, sans espoir et sans action, dominés par leurs craintes, expédiant (en reproduisant) les affaires courantes comme des automates au lieu de tracer leur sillon.

Alors, oui, la filiation, ce n'est pas que descendre de... c'est être capable de comprendre son propre rapport à l'autorité (donc de faire tomber l'autre de son piédestal), c'est être capable de comprendre les mots/maux qui nous ont bloqués, d'en mettre d'autres à la place, de ne plus se cacher derrière un vocabulaire qui détourne chacun de sa réalité, qui permet de se distraire et de distraire l'autre de ce que l'on vit comme son manque pour s'en protéger. Ainsi, en se délivrant du sens refoulé dont chacun est prisonnier, il est possible de s'affranchir de sa peur de l'autre, de la peur de son regard, et du même coup de la peur d'extérioriser ce que l'on ne veut pas que l'autre sache de soi (voire que l'on se cache à soi-même).

Cette délivrance, c'est celle de la peur de se tromper, une peur coextensive du fantasme de l'autorité qui sait et qui juge. Or ne plus avoir peur de se tromper, c'est pouvoir être soi et pouvoir aimer.

1
Être parent

Le système dans lequel nous vivons est gravement, profondément à la dérive. Et le tapage médiatique autour des assistances médicales à la procréation est clairement destiné à faire écran à ce problème majeur. Pourquoi ? Qu'y a-t-il au fond de la question de la filiation qui ne puisse être pensé, ni même dit ?

La tyrannie de la nature et du droit

J'observe l'agression contre la liberté d'être parent, de disposer de son corps à laquelle nous assistons et dont le droit est le nœud du problème. Car c'est bel et bien autour de la loi que les choses se cristallisent : les couples de même sexe peuvent-ils faire une famille en droit ? La procréation médicalement assistée doit-elle être poursuivie ? Le droit, mais aussi la nature, fonctionnent comme un champ de bataille. C'est l'idéalisation infondée du mariage et de la filiation naturelle exaltée pour mieux exclure de leurs droits les homosexuels, les femmes, les couples désireux de grossesse pour autrui. Ce débat perclus des préjugés énormes est révélateur de la décadence du système en fuite dans lequel nous vivons ; expressément en fuite du passé vers un futur illusoire où l'avoir est érigé en mythe. Puisque la filiation ne doit pas poser problème, puisqu'elle est prétendument naturelle et de toute éternité, nous dérivons dans le règne des principes dont l'héritage n'est plus pensé. Le problème fondamental de cet évitement systématique du passé qui infuse dans nos veines est qu'il se reflète dans la pensée dominante dont le droit n'est que l'écho.

Il y a pourtant bien des choses à penser !

Un amour frappé de fatalité

Le rejet des assistances médicales à la procréation, l'anonymat du donneur, le blocage sur l'accès aux origines biologiques dans l'adoption, etc., cultivent par l'interdit (censé renforcer le lien du cœur) la toute-puissance du lien du sang. Car vouloir protéger le lien du cœur par l'interdit de savoir entourant le lien du sang, c'est en réalité ne croire qu'au lien du sang. C'est dans ce droit fil que les empreintes génétiques sont acceptées comme preuves de la filiation. Or, si la trame souterraine du droit français de la filiation est prisonnière du fantasme du lien de sang, du lien génétique, c'est pour maintenir le fantasme d'un lien d'amour absolu en l'ancrant dans le corps.

Ce qui du même coup frappe l'amour de fatalité : aime tes parents biologiques et tais-toi ! C'est naturel, c'est normal, ils sont ton sang, circule, il n'y a rien à voir.

Et voilà l'amour mis hors de questionnement sous le prétexte fallacieux d'un absolu qui n'existe pas… ce qui le condamne à la reproduction du ratage et de la souffrance, à l'instar d'un enfant battu qui bat lui-même ses propres enfants tant il est enfermé dans sa propre souffrance à défaut d'être dite, livrée afin d'en être délivré…

Un mécanisme d'horlogerie très fine déloge l'homme de son héritage en le dépossédant de lui-même au moment de la reproduction intégrale de ce qu'il a vécu.

Il est possible de se libérer de l'abus

De ce fantasme, le droit aussi est prisonnier.

En théorie, le droit et la psychanalyse ne sont pas si éloignés. La psychanalyse est un chemin de liberté, de désaliénation, de retour vers soi à travers l'exploration de la souffrance et du mal-être issus du passé et précisément de sa filiation. Les lois, elles, construisent des normes afin de délimiter le droit de chacun et de tous en régulant l'abus après coup. Le droit, idéalement, se fonde sur le trépied de la devise républicaine des droits de l'homme pour tisser un rapport juste et réglé entre les gens.

Droit et psychanalyse se rejoignent sur un point commun car ce qui est au principe du droit : liberté, égalité, fraternité, est le but de la psychanalyse. Le droit d'un point de vue collectif et la psychanalyse d'un point de vue individuel ont pour fonction de limiter l'abus chez l'homme en le régulant.

Car si la psychanalyse a découvert quelque chose de fondamental, à savoir que la souffrance humaine dérive de l'abus, cet abus (voie passive et voie active), à son tour, dérive de la croyance, c'est-à-dire de tout ce que l'on a bu, de tout ce qu'on a cru.

Abuser de l'autre n'est pas une marque de toute-puissance perverse, abuser est une marque d'aliénation, et être abusé par l'autre également.

Or, pour sortir de ces rapports de domination et découvrir un rapport positif à l'autre, ouvert, non fondé sur la négation de soi et donc de l'autre, il n'y a pas d'autre moyen que de se défaire de toutes les illusions avec lesquelles nous avons été préconçus.

Trois illusions

Préconception familiale : Chacun est à une certaine place dans le fantasme de ses parents, chacun est identifié à un frère, une sœur, une mère ou un père, le mari pour la mère et la femme pour le père. Et pour les grands traumatisés, l'enfant sera le reflet haï de soi. L'enfant représente quelque chose pour eux qui n'est pas lui, et nous absorbons à notre insu ce faux reflet négatif de nous-mêmes comme notre faute. Chacun est de surcroît tributaire des censures dont a été l'objet son histoire familiale, censure concernant régulièrement jouissance, amour, peur, douleur et culpabilité. Le non-dit sur l'histoire s'avère proportionnel à la douleur dont elle a été l'objet et conditionne la transmission des symptômes sous le mode de la reproduction. Bref, l'enfant qui naît est loin d'être une page blanche.

Préconception historique : Nous sommes nés dans un système social, à une époque donnée tributaire d'un passé oublié, dans des frontières précises et dans une langue donnée qui délimitent les frontières symboliques d'un pays. Nous sommes dépendants des censures très puissantes issues de toutes les falsifications de l'histoire non déterrées qui se sont accumulées depuis la nuit des temps. Cette falsification des faits concerne là encore la douleur, la destruction, la terreur et l'abus qui renaissent régulièrement de leurs cendres sous forme de préjugés érigés en normes. Contrairement à ce que l'on pourrait croire, le passé ne passe jamais.

Préconception intellectuelle : Nous sommes aliénés à des présupposés théoriques transmis comme des évidences non analysées et qui conditionnent de ce fait un abus possible si elles ne sont pas reprises de l'intérieur. En somme et malgré toute la bonne volonté, nous serons abusés par une vision erronée du réel si cette vision acquise n'est pas repassée par la contradiction interne qui est le propre de la pensée. Problème dont ni le droit ni la psychanalyse ne sont exempts.

Toutes ses préconceptions sont autant d'obstacles et d'écrans sur un chemin qui va de soi à soi, comme de soi à l'autre. D'autant plus si le droit lui-même se brouille et prend le relais de ce qu'il devrait au contraire combattre : l'abus.

Rabattre l'homme sur son corps

L'un des cas les plus vifs est celui de la loi de bioéthique sur les assistances médicales à la procréation. Cette loi interdit la grossesse pour autrui, exclut les femmes célibataires de la possibilité d'avoir des enfants, rejette l'homoparentalité et requiert l'anonymat du donneur.

Que découvre-t-on ?

Que derrière la barrière érigée contre l'homoparentalité se cache une idéalisation de la filiation naturelle d'autant plus mal venue lorsqu'elle vient de psychanalystes qui, pourtant, en voient quotidiennement le désastre. Derrière le prétendu intérêt de l'enfant, à force de ne plus s'interroger sur le lien de filiation, à force de le considérer comme naturel et allant de soi, se glisse et s'enkyste une homophobie cachée profondément destructrice car elle sécrète une équivalence aberrante entre homosexualité et perversion. Le lourd héritage psychiatrique marqué du sceau de l'eugénisme demeure bien présent.

L'interdiction de la gestation pour autrui est de façon exorbitante revendiquée par des féministes qui s'arment d'arguments d'autant plus opposés au droit des femmes qu'elles déconsidèrent les femmes susceptibles de vouloir être mère porteuse en les décrétant *a priori* irresponsables.

Or je rappelle que le droit n'est là que pour réguler l'abus, ce qui veut dire que la question centrale est : que peut dire le droit si, en étant dit, il abuse et exclut certaines personnes de leur droit ?

À cet égard, cette loi sur l'indisponibilité du corps humain qui assoit l'interdiction de la grossesse pour autrui en France est d'une gravité extrême, car elle attaque à la racine le socle républicain.

Quel est le problème de cette loi ? C'est rabattre l'homme sur son corps en lui demandant d'appartenir à la société à qui il est sommé de donner sa tête puisque désormais il ne peut plus disposer de son corps. Tout cela pour quoi ? Pour prétendument protéger l'homme de la science à qui il est inféré de la dangerosité afin de provoquer le réflexe de maîtrise donc de contrôle. Faire peur pour imaginer des réponses sécuritaires, la ficelle est tellement connue. Sur bien d'autres matières : la tranquillité publique, l'étranger, la dette, et bien entendu le corps ! Curieusement, dès que le corps est en jeu, on infère à la science une dangerosité qu'elle n'a pas.

Je veux dire ici que cette loi est une loi de peur, une loi qui ensevelit sous l'interdit ce qu'une société n'arrive pas à regarder en face.

D'où vient cette peur ?

2
Le désir d'amour face à la peur

L'imaginaire de dangerosité qui plane autour de la science naît d'abord de la confusion entre la science et la technique. Or la science n'est pas la technique. La science est une démarche productrice de savoir sur le réel. Aucun savoir n'est dangereux car il ne fait que symboliser et mettre au jour des fonctionnements existants. Ce qui est dangereux n'est jamais la science, ce qui peut être dangereux réside dans l'utilisation négative d'un savoir. À quoi s'ordonne la technique qui est l'exploitation du savoir pouvant être utilisé pour détruire l'homme ou améliorer la vie de l'homme. Là où la découverte est génératrice de jouissance par le sens, la technique est génératrice d'abus et d'illusion d'appartenance.

Famille, je vous hais

Alors, une fois que l'on distingue la science de la technique et que l'on regarde tous les arguments qui ont été opposés aux aides médicales à la procréation, on ne peut méconnaître que ces techniques, loin de détruire, ne font que créer de la vie. Et il est ainsi possible de voir que, derrière cette méfiance liée à la science, se cache le problème de ce qu'est la filiation. Admettre que l'homosexualité puisse devenir une parentalité ; admettre qu'une femme seule puisse être parent, c'est renouveler la notion de famille et détruire le mythe de la famille hétérosexuelle, à tort sanctifiée, et de surcroît par des psychanalystes, ce qui est un comble. Alors que, par essence, toute filiation est ce qui produit des symptômes, moins l'homme prend conscience de sa filiation, plus il reproduit dans un mécanisme hérité depuis des générations l'abus, la violence et la souffrance en mettant l'amour hors de question. Hors de question dans les deux sens du terme : jamais questionné et totalement interdit, ce qui se traduit dans les faits par son absence.

Deux mensonges, une souffrance

Horreur ! voilà posé le tabou : qu'est-ce que s'aimer ? Comment aimer ses enfants, ses parents, comment faire famille ? On peut se rassurer en croyant que c'est naturel, mais le prix à payer de cette croyance est très élevé : ensevelir ses souffrances condamne à les reproduire à l'infini. En effet, si chacun reproduit ce qu'il a vécu, c'est pour ne pas savoir qu'il a souffert. Pourquoi ? Pour protéger du même mouvement deux mensonges qui emprisonnent l'homme : le fantasme de l'amour familial érigé à la dimension d'absolu et la toute-puissance de ses parents.

Ne s'arrêtant jamais sur le passé, ce système fuit avec les hommes de toutes parts. Sa traduction directe qui infuse dans le droit s'avère précisément une conception des rapports parents/enfants vidée de toute substance, de toute relation puisque n'y sont admis que le cadre et le rapport d'autorité (au sens d'absence de question). C'est-à-dire exclusivement un rapport de domination, de soumission : des machines en fuite vers l'extérieur, dépossédées de leur esprit, de leurs sens, de leur sexe, de leur cœur, de la création, oublieuses de la souffrance humaine, avant tout de leur souffrance. Il en est allé de même avec le rapport de l'Inserm qui voulait stigmatiser les enfants dès leur plus jeune âge comme futurs délinquants potentiels en occultant leur souffrance.

Mais cette souffrance peut se comprendre, être nommée, car dans la grandeur humaine, il y a la dimension de transformation possible de l'esprit.

Il est possible de saisir au vol cette souffrance et toutes ses émanations sensibles. On aura alors accès à la magie du sens qui dévoilera notre être.

Les occasions de revenir vers soi ont un prix inestimable, car si l'amour vécu ne va pas de soi, néanmoins il n'est jamais sans soi.

L'amour défié

D'emblée, disons-le, le droit à l'assistance médicale à la procréation devrait aller de soi – les personnes qui veulent y avoir recours n'ont *a priori* aucune mauvaise intention, mais désirent simplement avoir un enfant. Alors que ce désir affirmé ouvre pour l'enfant à venir un horizon plutôt lumineux, la frilosité, la peur de l'inconnu, le refuge derrière la norme ont conduit aux restrictions abusives dont procède la loi dite de bioéthique qui les encadre. En consacrant l'inégalité et en excluant de leurs droits les homosexuels et les célibataires, cette loi relative à la bioéthique est parfaitement contraire aux grands principes des droits de l'homme et, loin de défendre l'éthique et la responsabilité, les entrave. Ni liberté (de disposer de sa vie), ni égalité (entre les individus et les choix amoureux), ni même fraternité (puisque le « pour autrui » est illégal). Et, au fond, la possibilité de s'aimer et de donner de l'amour se trouve frappée du sceau de la défiance et de l'illégitimité.

Sur la capacité d'aimer et de s'aimer prime le réflexe de maîtrise face à cette simple possibilité de vie ; un réflexe appliqué ici scrupuleusement alors même que la non-maîtrise domine très largement et inonde le monde. Je veux parler de la non-maîtrise des capitaux et des marchandises pour lesquels on professe la dérégulation. En somme, pour les objets et l'argent, il faut laisser faire et laisser passer, mais pour les hommes et particulièrement pour le corps des hommes (*a fortiori* des femmes), ce sont les barbelés et les interdits qui prévalent.

Enfant de

À nous de revisiter en tant que parents la filiation pour offrir à nos enfants autre chose qu'une destinée lourde de fatalité. Aussi paradoxal que cela puisse paraître, ce n'est jamais par la conquête de l'amour de l'Autre que s'ouvre l'horizon de sa liberté, mais par la conquête de la liberté que s'ouvre l'horizon de l'amour, autrement dit la capacité de s'aimer.

D'où deux questions essentielles : qu'est-ce qu'être enfant de… ? Et de qui sommes-nous l'enfant ? Ces questions sont posées à chacun, plus ou moins enfouies. Elles supposent d'interroger l'actualité, notre vécu familial, les préjugés de la société et toutes les formes de parentalité et de filiation pour que, une fois dégagé ce qui obstrue – parfois le droit, parfois la médecine, toujours soi-même – on arrive à entrevoir la capacité de s'aimer.

3
Banalité du mal

Un système tient à l'aide du filet souterrain qui le constitue : le droit, qui délimite et circonscrit un rapport réglé entre les gens. Or, l'inégalité, la restriction des libertés, la disparition de la fraternité auxquelles nous assistons sont le signe que le système de régulation que devrait être le droit dans une démocratie digne de ce nom ne fonctionne pas.

Le droit est une somme de croyances

Derrière la notion de loi se profile un imaginaire d'autorité absolue, de jugement dernier, de figure de commandeur et, en dernière analyse, de Dieu. Quelque chose, dans cette notion de loi, se prête à cet imaginaire surmoïque enfantin, empreint à la fois d'un désir immense de protection et de sanction punitive. Et pour autant, si la loi porte la trace de l'autorité absolue et automatique, elle est aussi levier de liberté. C'est sa tension fondamentale. Cette tension s'exprime dans le caractère écrit du droit. L'écrit, à travers les contradictions des lois entre elles, peut laisser place à l'esprit du juge et donc à la naissance d'autres lois *via* la jurisprudence. Mais c'est aussi de la dimension arrêtée de l'écrit que surgit la notion d'arbitraire. C'est en cela que l'évolution du droit relève avant tout des allers-retours réflexifs et contradictoires autour de la notion de juste. Dans la rigidité apparente du texte, il y a donc beaucoup de jeu.

Ajoutons un point : le droit est historiquement situé. Il définit un corpus de lois valable pour un état donné à une époque donnée. Ainsi, seule une pensée contradictoire permet de resserrer l'écart entre la justice et la loi. Il est, à cet égard, remarquable que l'écart entre les lois et les grands principes des droits de l'homme dans les différents champs que constitue le droit dessine d'une certaine façon la carte politique qui régit un État. Non seulement ces différents écarts régissent la forme d'un État allant de la démocratie au totalitarisme, mais encore au cœur du droit palpitent les idéaux et les préjugés qui régissent une société. C'est en ce sens que, malgré l'apparence d'objectivité que revêt l'aspect formel des lois, toutes sont fondées sur des présupposés. Et, allons plus loin, sur des présupposés non interrogés dont seule l'analyse permet de dégager les idéaux cachés, les préjugés politiques et moraux qui structurent une société. Plus qu'interdire et autoriser, il forge les consciences, les morales et délimite l'acceptable et l'inacceptable ; il entérine à son insu différents préjugés, des inégalités, des restrictions de liberté, intégrés comme la normalité. Pour dégager le droit de sa tendance à se réifier et lui rendre son caractère vivant, il y a lieu de le déconstruire. À ce moment-là, le droit sort de la technique, il s'ajuste à la pensée et il devient la matière vivante qu'il doit être.

Franchir les limites de l'autre

Comme je le disais, le droit vient de l'abus. Au centre du droit et de la régulation qu'il propose existe l'idée de l'abus possible dans la relation interhumaine. La question que pose alors le psychanalyste est : qu'est-ce qui fait qu'on tente de franchir les limites de l'autre ? Et pourquoi, d'un autre côté, a-t-on tant de mal à circonscrire ses limites ? Pourquoi se fait-on si facilement abuser ? Pourquoi a-t-on besoin de se nourrir de l'autre pour s'aimer ou pour parvenir à des fins de pouvoir, c'est-à-dire feindre l'amour pour faire choir l'autre de son piédestal dans un but de transfert de puissance afin de pourvoir ce que l'on méconnaît de soi ? Ce en quoi cette course substitutive qu'est le pouvoir n'en finit pas. Autrement dit, l'abus dérive exclusivement de ce que l'homme abandonne son être, qu'il s'est abandonné en tant qu'être, et qu'il a renoncé à savoir qui il est. C'est ce qui le met sous une dépendance/haine amoureuse envers l'autre et envers soi-même.

L'abus généralisé

Remontons la piste de l'abus. Jusqu'à l'enfance. Même si les parents réfléchissent, s'engagent, se remettent en question face à ce que l'enfant exprime, il faut qu'ils aient fait un énorme retour sur eux-mêmes pour alléger la filiation qu'ils créent du poids sourd du passé. Il faut avoir revisité la souffrance de l'enfance, s'être totalement remis à sa place d'enfant pour se rappeler l'extrême fragilité, l'extrême dépendance, l'ouverture d'esprit de l'enfance, la possibilité d'insouciance saine, l'énorme besoin d'amour qui caractérise un enfant.

Ordinairement et à leur insu, les parents ne font à l'enfant de la place qu'à travers le prisme de leur vécu familial qui est leur référence majeure tant qu'ils ne l'ont pas déconstruite et remplacée par la leur. C'est en cela que la question de l'abus est au cœur de la psychanalyse, au cœur de ce que le sujet découvre sur lui-même, au cœur de la place où, inconsciemment, il a hissé ses parents. Et si cette question rejoint la question du droit, c'est que de l'abus vient l'inégalité, et de l'inégalité la restriction de liberté et la rétention d'amour qui rejoint l'absence de fraternité...

Et surtout la reproduction. L'enfant est abusé par ses parents, nécessairement, eux-mêmes abusés par leurs parents, etc., le tout construisant une chaîne avec des évolutions tenant à des réflexions qui font date. On se rend alors compte que l'abus dérive de la croyance. On croit à l'ordre établi, on imagine difficilement que les choses puissent être autrement que de la façon dont on les a reçues. Alors ce qui est contingent devient loi. L'abus même le plus évident devient droit. Le droit n'est en fait que croyance et c'est en ce sens qu'il rejoint la psychanalyse. Reviens de tes préjugés et tu te verras différemment, mais tu verras aussi que le système qui t'a construit était aussi friable, même s'il paraissait solide comme le roc. Et c'est bien là l'une des grandes révélations de la psychanalyse. Toutes les constructions, même les plus solides, sont des abus à partir du moment où l'on cesse de les interroger. C'est bien sûr le cas de la filiation.

Une société qui s'étouffe en se forçant à croire à ses normes

On naît à une époque donnée, à l'intérieur d'un cadre, d'un système, dans lequel on est immergé, et tant que l'on n'a pas de recul pour l'analyser, on prend pour acquis ce qui nous est donné comme su. Que l'on songe au temps que l'on a mis pour se défaire de l'illusion du roi et du statut du pouvoir héréditaire du droit divin ; le temps qu'il a fallu pour que les femmes se libèrent du joug de l'autorité du mâle ; le temps qu'il a fallu pour que l'enfant ait des droits ; pour que les étrangers, les hommes de toute race et de toute religion aient autant de droits que les autres.

Même si ces avancées sont réelles en Occident, dans les faits elles sont régulièrement bafouées et il reste que n'est toujours pas entamé le délire de l'humanité ; à savoir la religion et les replis communautaristes qu'elle implique et que partout sur toute la planète, les droits des femmes sont encore piétinés, que le culte de l'avoir règne en maître au point de réduire à une peau de chagrin la culture et la quête de sens qui seule constitue pour tout homme la possibilité d'être libre, de créer et de jouir de la vie.

Nous sommes toujours sur la corde raide, entre les moments où l'on peut réinterroger les croyances de la société et ceux où ces croyances se changent en statue de pierre et deviennent impossibles à contourner. Nous sommes clairement dans ce second moment.

Lorsque l'on s'aperçoit de la difficulté à se libérer des normes en place, si l'on mesure le chemin à parcourir pour se désaliéner de toutes les fascinations dérisoires par lesquelles nous sommes captés, on comprend ce que veut dire l'abus. L'abus vient autant de celui qui boit, qui croit, que de celui qui abuse. L'abuseur croit au pouvoir qu'on lui prête puisqu'il tire sa jouissance d'une identification à un autre idéalisé, d'autant que son pouvoir est légalisé. Celui à qui on refuse un droit intériorise son infériorité dans sa relation à l'autre et à lui-même dans un mal-être qu'il ne sait pas nommer. Le problème de l'homme commence donc par la métaphysique sans qu'il le sache, car il croit en l'Autre. Ou peut-être que l'Autre impose une injonction à croire comme vraies et intangibles les normes qu'il a établies. Nous voici au cœur du sujet, celui d'une société qui s'étouffe en avalant les normes auxquelles elle se force à croire, s'empêchant tant de s'aimer elle-même qu'aux membres qui la composent de s'aimer entre eux. Il suffit, pour s'en convaincre, de mesurer à quel point le discours sur l'effondrement du pays se répand, et de s'apercevoir de la hausse de la conflictualité sourde entre les individus. Derrière la loi, il y a le droit. Derrière le droit, il y a la croyance.

Derrière la croyance, il y a l'abus. Et derrière l'abus, il y a l'incapacité à aimer et à s'aimer.

4
Ceux à qui il est interdit d'avoir une famille

Les croyances qui parcourent le droit ne sont pas de purs idéaux. Elles ont des conséquences très concrètes. Poussons plus loin l'exemple de la filiation.

Même si des avancées existent, en France, l'homosexualité n'est pas considérée de façon égalitaire avec l'hétérosexualité. On accorde toujours au mariage hétérosexuel une sacralité imbécile, on invoque des valeurs héritées au lieu d'interroger réellement l'amour. Partout on brandit l'intérêt de l'enfant pour priver du droit d'être parent une certaine partie de la population, à défaut d'interroger le sol sur lequel pourrait s'épanouir une relation parents-enfants, partout on s'accroche au cadre au lieu d'interroger le fond. Et partout nous le verrons, quoi qu'on en dise, même si dans la filiation on crie au lien du cœur, en réalité on ne croit qu'au lien du sang. Ici, une fois encore, le réflexe de maîtrise restreint la liberté, arrête le sens en polarisant les hommes en « bons » et « mauvais », en inférieurs et supérieurs, sous couvert de normes in-interrogées.

Au nom de quoi les homosexuels et les célibataires seraient-ils privés d'avoir un enfant par cette voie ? L'intéressant, c'est la mécanique de construction de cet interdit et ce qu'elle dit de notre société. De façon caricaturale et pusillanime, la loi n'a fait que se plier au modèle de la procréation naturelle. Par peur de l'inconnu, elle se réfère à une nature déifiée, comme si la nature savait *a priori* ce qu'elle faisait, comme si elle avait une fin et des desseins protecteurs. Au lieu de réfléchir à ce qu'est le droit, elle ne fait frileusement que se conformer à ce qu'elle connaît en excluant tout ce qui ne ressemble pas à ce qui existe déjà. Dans cette adhésion au modèle de parentalité préexistant, elle fait comme si la filiation « naturelle » hétérosexuelle était le garant d'une filiation réussie. Point besoin d'être psychanalyste pour savoir qu'une filiation dite naturelle n'épargne pas à l'enfant une face moins mythifiée de cette dite nature humaine, à savoir sa brutalité.

Brutalité

Cette vision mythifiée se diffuse à l'ensemble des questions relevant de la parentalité. Prenons l'anonymat du donneur. Continuer à préserver cet anonymat, sous prétexte que si l'enfant venait à apprendre qui était le donneur, ce savoir sur un lien génétique pourrait rompre le lien parent-enfant préexistant, montre, à contre-pente de ce que les tenants de cet anonymat revendiquent, qu'ils ne croient qu'au lien génétique. En effet, dès lors qu'ils infèrent au lien génétique le pouvoir de briser la famille au point d'interdire ce savoir, ils attribuent à ce lien génétique une toute-puissance absolue. Le lien parent-enfant n'est ici envisagé que dans le registre d'une transcendance biologique et, dès lors, dans la reproduction et non dans la construction, car l'amour, le désir, l'engagement et la réflexion n'y ont pas leur part.

Cela va plus loin. Le plus intolérable est que cette position prive arbitrairement l'enfant de savoir un pan de son histoire et, ce faisant, le condamne à fantasmer sans fin là où la réalité met un point d'arrêt au fantasme. Ainsi, quand le droit impose sa brutalité, quand l'abus paraît incontournable, quand la vision restreinte du gène externe à l'homme écrase la complexité des rapports humains et leur transmutabilité, comment l'amour est-il possible ?

La certitude du pire

Autre dégât de la conception « naturelle » de la filiation, l'interdiction de la grossesse pour autrui, objet d'un faisceau de fantasmes et de peurs tellement irrationnels que cette possibilité de créer la vie a été récemment comparée au nazisme ! Prenons les arguments qui ont été opposés à la GPA. Cette procréation obéirait à une logique marchande, l'entériner violerait la dignité humaine des femmes porteuses. Les mots sont forts, ils amplifient dramatiquement le problème, au point de faire croire aux législateurs que libérer cette possibilité reviendrait à faire d'eux des criminels en puissance.

Que la logique marchande existe est un fait, qu'il faille la réguler compte tenu des désastres qu'elle produit sur les hommes et la planète est une nécessité. Néanmoins, cet argument tombe de lui-même dès lors que l'on découvre le tour de passe-passe qui le sous-tend. En effet, anticiper le pire pour les femmes porteuses, et vouloir ainsi les protéger d'elles-mêmes contre la marchandisation, cela revient en sous-main à considérer que toutes les femmes, potentiellement femmes porteuses, sont vénales et irresponsables.

Une nouvelle fois, c'est la défiance qui s'impose. La défiance, c'est considérer la personne comme une chose qui ne pense pas et n'a pas de droit. Or c'est précisément obéir et souscrire à une logique réifiante que refuser à des femmes le droit de décider ce qu'elles veulent faire de leur corps et de leur vie. Sous prétexte d'être ultra-droit-de-l'hommiste, les tenants de cet interdit brandissent un raisonnement si peu réfléchi qu'il les place dans la position même qu'ils stigmatisent.

Quelques voix psychanalytiques se sont fait l'écho de ce positionnement en extrapolant le pire pour ces enfants à naître par GPA. Alors qu'il n'y a aucun recul clinique qui puisse autoriser une quelconque prédiction et sûrement pas le pire.

Cette prophétie s'est faite à partir d'une analogie étrange entre les enfants nés sous X et les enfants à naître par GPA. Or, faire équivaloir le désir d'enfant qui prime dans le recours à la GPA et l'absence de désir d'enfant qui domine pour l'enfant dans l'abandon sous X est totalement infondé. Ériger le lien biologique au rang de lien métaphysique, au point de nier la construction symbolique de ce lien dont la psychanalyse a démontré l'impact fondamental, revient à réfuter l'effectivité de la psychanalyse elle-même. Or, on ne peut pas faire comme si la symbolisation de son histoire n'existait pas. Par ailleurs, l'accent mis sur le lien biologique revient à nier la donne majeure dans le lien parent-enfant, que la psychanalyse a réactualisé comme jamais : la responsabilité.

Différence sexuelle

Les mêmes causes produisant les mêmes effets, l'homoparentalité est emportée dans le même reflux. Deux types d'argumentation prévalent contre la légalisation de l'homoparentalité : la différence des sexes et la construction de l'enfant. La première part du principe que la différence sexuelle serait fondamentale à la construction de l'enfant, qu'il faudrait nécessairement un homme et une femme pour que l'enfant se structure. Dans une certaine mesure, cette conception se justifie par l'impact déterminant de la différence sexuelle dans le champ de l'inconscient humain révélé par l'expérience analytique. Mais, à côté de cela, ce que cette thèse élude massivement, c'est que précisément ce n'est pas en tant que telle que la différence sexuelle fait question. Elle ne pose un problème qu'en tant qu'elle reflète la question de l'être qui est le véritable moteur de la pensée, nommément l'hétérogénéité de la raison invisible à son instrument qu'est le langage. La différence sexuelle se prêtant particulièrement à cette conceptualisation en tant qu'elle se caractérise d'un côté par du concret, du visible (le pénis, le sein) qui correspond à la dimension concrète des mots, et de l'autre par de l'invisible (le sexe féminin, l'anus) qui figure l'invisible de la pensée.

Mais ce qu'il faut saisir, c'est que si cette différence sexuelle a un impact très profond sur le psychisme, si elle est l'aiguillon de la pensée, c'est que toute la construction fantasmatique qui va se développer autour de ce thème vise, à partir du rapport sexuel, à tenter de l'effacer pour essayer de produire vainement du deux en un. Le fantasme de fusion inféré au rapport sexuel faisant office de ciment à un manque interne que l'autre en réalité ne peut combler. En réalité, la différence sexuelle est présente chez tout être humain. Seuls les mots « homme » et « femme » font miroiter l'incarnation, en termes de sens, de cette différence, alors que ces termes ne peuvent en aucun cas arrêter une identité.

Or, dénier la dimension du fantasme qui détermine l'importance de la différence des sexes, c'est dénier du même mouvement la psychanalyse qui n'opère fondamentalement que de sa mise au jour. À un premier niveau, la mise au jour du fantasme cristallisé autour du rapport sexuel qui véhicule la fiction d'une suture entre les sexes par le sexe masculin (le pénis pour combler le manque) ; à un second niveau beaucoup plus profond, la réalisation que le poids métaphysique dont le rapport sexuel est vecteur ne fait qu'externaliser une solution ratée au problème interne qu'il tente de résoudre, à savoir l'excentricité de la raison invisible au pouvoir incorporant concret des mots. Réfuter la parentalité des homosexuels sous le prétexte de l'absence de différence sexuelle ne fait qu'entretenir le fantasme, l'illusion d'une fusion (symbolique et concrète) et, d'un point de vue plus général, la différence interne à chacun.

La preuve d'amour vivante

Le second faisceau d'arguments contre l'homoparentalité est différent. Il a trait aux conséquences chez l'enfant de l'absence de rapport sexuel procréatif initial. Cette conception occulte que, si l'enfant s'exclut du rapport sexuel parental, c'est d'abord parce qu'il s'en sent exclu. Ce n'est que dans un second temps qu'il pourra s'apercevoir qu'il s'en est exclu. Pourquoi ? Afin de maintenir, dans le fantasme, la croyance que le rapport sexuel pourrait faire de deux êtres une entité dont il serait la preuve d'amour vivante.

De ce fantasme dérivent des symptômes.

D'abord, le besoin de lier ses parents pour croire être cette preuve d'amour, ce qui conduira l'enfant à porter leurs problèmes de couple alors que ces problèmes ne le concernent pas.

Ensuite, dans la mesure où l'enfant infère au phallus du père le pouvoir de sceller cette union, il croira à l'infériorité de son sexe qu'il soit fille ou garçon, et il portera sur lui en infériorisation le faux de ce pouvoir en espérant qu'un jour on lui en fasse don.

Autrement dit, ce qui n'est pas vu dans cette vision unilatérale de l'inconscient, c'est que le rapport sexuel procréatif – dont certains psychanalystes font une donne incontournable – n'est que le prétexte à un fantasme qui barre l'accès à l'autre et à nous-mêmes. Et dans cette domination de l'inconscient, la possibilité de faire relier de la conscience une relation parent-enfant est niée. Or c'est elle qui est au centre. Si la société est parcourue par ses propres fantasmes dans ce débat sur la filiation, la psychanalyse elle-même est engluée dans les siens.

Ainsi, sous prétexte de prévenir les dérives de citoyens déclarés irresponsables, on amenuise le droit et la liberté des gens dans une inégalité grosse de préjugés. De fait, dans certaines situations, on peut objecter que la loi et la régulation libèrent tandis que la liberté sauvage opprime. Mais le cas est ici différent, car l'encadrement de la liberté totale de faire ce que l'on veut se double d'une inégalité fondamentale assise sur des présupposés lourds. Et là, nous laissons l'État glisser subrepticement dans une pente totalitaire.

L'éthique sacrifiée sur l'autel de la peur

Le droit n'est pas cela, il porte un sens et préserve la liberté de chacun dans l'égalité et la fraternité, ce qui suppose de ne réguler les dérives qu'après coup. C'est en vérité assez différent. Dans la première conception du droit, la défiance est au fondement de la loi ; ici c'est la confiance, quitte à redresser les abus après coup. Et derrière la vision du droit, c'est celle de l'homme et le rapport d'une société à elle-même.

Manifestement, les lois de bioéthique ont tranché, elles ont sacrifié l'éthique sur l'autel de la peur : peur de l'inconnu, peur de déplaire dans une séduction servile de l'opinion, peur du savoir que représente la « Science », enfin peur de déconstruire et de modifier les normes dont pourtant la caractéristique est d'être souvent énormes[1]. Dès lors, analyser le fondement de cette loi est fondamental, car elle attaque ce qu'il y a de plus fragile chez l'homme, quelque chose qui a trait au plaisir, à l'avenir et au devenir, à savoir le désir d'enfant, le désir de vie.

1. En témoigne la normale régnant il n'y a pas si longtemps, qui se bornait à être la norme du mâle, les femmes se voyant exclues de tout droit. Ce qui réduisait lesdits mâles à faire mal, à défaut de représenter le pouvoir fictif qu'on leur conférait.

L'intérêt de l'enfant, parlons-en !

Puisque le prétexte à restreindre le droit des gens s'appuie toujours sur l'intérêt de l'enfant, demandons-nous à présent ce qui crée des symptômes à l'enfant.

Ce qui crée à l'enfant des symptômes, ce n'est pas fondamentalement un cadre plus ou moins conforme à la norme ; ce qui crée à l'enfant des symptômes, ce sont d'abord les symptômes des parents. Plus précisément, ce qui n'est pas assumé chez eux, seulement reproduit, seulement perpétué, sans être susceptible d'être mis à la contradiction par l'enfant.

Si, au contraire, l'enfant peut parler de ce qui ne va pas, s'il est écouté, pris en compte comme un être humain et non comme une chose obéissante, avec la liberté de parler et de penser, de contredire, d'exprimer ses émotions, il adviendra une possibilité d'écart par rapport à ce qu'il vit.

La parole étant autoréflexive, en extériorisant ce qui est intériorisé, elle nous dévoile les problèmes dans lesquels nous sommes pris. Sans un échange, une circulation du sens, l'enfant ne pourra seul imaginer que ses parents puissent avoir des problèmes avec eux-mêmes.

C'est précisément parce qu'il les érige au rang de toute-puissance et qu'il élève l'amour au rang d'un absolu sacré qu'il va prendre les problèmes de ses parents pour lui et qu'il les endossera comme étant sa faute pour se créer inconsciemment des parents tout-puissants. C'est à travers cette déification qu'il se construit une protection et qu'il protège l'amour comme absolu pour croire être aimé absolument.

Aussi, ce qui change tout pour l'enfant dans sa construction, ce n'est pas une donne dont les adultes ne peuvent avoir qu'un savoir extérieur à eux-mêmes (le rapport sexuel procréatif), mais c'est, de façon bien plus vitale, l'amour, l'engagement, le désir, la réflexion, la possibilité pour l'enfant d'être écouté et soutenu dans ses difficultés, c'est que sa différence soit vue et non niée, qu'il puisse parler de ce qui ne va pas, et que ses parents puissent reconnaître au besoin qu'ils se sont trompés, sans ériger le mensonge de leur toute-puissance en vérité.

C'est cet ensemble de conditions engageant la responsabilité des parents qui offre la possibilité à l'enfant d'être un enfant et non le parent de ses parents. En bref, il ne s'agit pas, comme le font à leur insu ces psychanalystes, de miser exclusivement sur l'inconscient, il s'agit de miser réellement sur la conscience.

5
Peut-on être parent et enfant sans lien biologique ?

Pourquoi la société n'arrive-t-elle pas à faire évoluer sa conception de la famille ? Je veux dire : à la faire évoluer dans les regards et les doctrines aussi vite que la société évolue elle-même dans ses façons de vivre. Pour y répondre, il faut aller tout au fond des mythes qui sont aujourd'hui l'armature de notre pensée de la famille.

Le lien de filiation

Savoir d'où l'on vient est une question légitime. Le nœud du sujet est ici : s'intéresser à l'arrière-fond de la famille, une fois que l'on a pris conscience que le droit est un trésor de présupposés. Et si le lien n'est pas (seulement) un lien de droit (mon parent déclaré à l'état civil), s'il n'est pas non plus (seulement) un lien de sang (de qui suis-je l'enfant biologique ?) ; si le lien est encore moins l'alliance du droit et de la nature, c'est-à-dire un lien inscrivant le sang dans la loi (héritage monarchique), ni un lien faisant du droit en vigueur un élément « naturel » de notre société, alors qu'est véritablement le lien de filiation ?

Volontairement, je reprends le cas de l'adoption comme révélateur du problème qui entoure la filiation. L'adoption, parce qu'elle exhibe au grand jour le fantasme biologique qui parcourt la société et fait coaguler la question de l'identité à celle de l'origine. La pression est si forte que la question de l'identité de bien des enfants adoptés leur est dérobée pour être faussement et sauvagement reportée sur celle des origines biologiques. Où est le problème ? Il est simple : la suppression de « l'origine » biologique ne fait qu'alimenter imaginairement chez l'enfant l'importance de ses parents biologiques en fondant en creux un refuge imaginaire à la fois horrible (il a été abandonné) et merveilleux (ses parents auraient pu être mieux que ses parents actuels) pour se prémunir de ses vrais parents, à savoir ses parents adoptifs qu'il doit affronter dans leur réalité.

Mais pourquoi ce mirage du parent biologique comme seul vrai parent dont le droit ne s'est souterrainement pas détaché ? Car c'est précisément autour du lien de chair comme lieu fantasmatique de la fusion et de l'identique – substitut de la notion de l'identité – que se cristallisent les problèmes des parents adoptifs à l'endroit de leurs enfants et des enfants adoptés à l'endroit de leurs parents.

Le problème est du côté des parents plus que de l'enfant

Pour une fois, regardons du côté des parents. Dire que les parents sont responsables de l'enfant ne veut pas dire les culpabiliser, ne veut pas dire ouvrir la brèche de la faute dans laquelle la culpabilité ne manque jamais de s'engouffrer. Bref, dire que les parents sont responsables de l'enfant, dans ce cas précis de l'adoption, cela veut dire que plus ils auront réglé leur problème à l'égard de l'enfant – notamment ce qu'il peut symboliser pour eux comme ratage du lien de sang – plus ils seront à même de protéger l'enfant de cette blessure que constitue l'abandon à l'origine de l'adoption. En effet, le nœud de la problématique de l'adoption chez les parents adoptifs s'enracine généralement dans ce qu'ils vivent comme un manque dans la relation à l'enfant, à savoir l'absence de lien de chair, l'absence de lien de sang.

Nombre de psychanalystes ont saisi cette difficulté en mettant en évidence le deuil de l'enfant biologique que les parents avaient à faire. Or cette notion, aussi juste soit-elle, s'avère au fond très ambiguë en ceci que tout en identifiant le problème, elle valide la croyance que l'enfant biologique pourrait être fondamentalement différent de l'enfant adopté et qu'il pourrait effectivement manquer quelque chose d'important à cette relation. Par ce biais, elle entérine ce fantasme qui sous-tend cette souffrance en le confondant avec la réalité.

Comment sait-on que l'enfant vient de soi ?

Or, deux faits contredisent ce manque. Le premier se révèle dès que l'on se penche sur le rapport des parents à leurs enfants biologiques. Biologique veut dire « issu de son corps ». Comment le savoir ? Pour le père, seulement parce qu'on le lui dit. Quant à la mère, on dit à tort qu'elle est certaine parce qu'elle perçoit l'enfant au moment de la naissance. Soit, mais dans les cas de césarienne et donc d'anesthésie, elle se retrouve exactement dans la même situation que tous les pères : elle sait que c'est son enfant seulement parce qu'on le lui a dit.

Ce point est déterminant, car ce n'est qu'à partir d'un savoir extérieur qui n'est ni de l'ordre du ressenti ni d'un savoir intérieur que l'on va savoir que l'enfant vient de soi. C'est à partir de là précisément que va s'installer la quête des ressemblances. C'est en effet sur ce point aveugle de l'identité qui recouvre le fondement corporel du lien à l'autre que les parents vont tenter d'identifier l'enfant par rapport à eux et à leur famille en le positionnant d'une certaine façon par rapport à leur histoire. La quête de l'identique, la magie du même de la filiation (biologique) s'éclairant à cette lumière se révèle n'être qu'une couverture, qu'un écran sur un vide symbolique recoupant le rapport du sujet à son propre corps.

Le mythe de la fusion

Le second point est encore plus décisif pour comprendre cette croyance à l'écart impossible à combler qui existerait entre un enfant issu de son corps et un enfant adopté. C'est le mythe de la fusion dont est entouré le lien de chair. Il est présent tant chez les parents biologiques que chez les parents adoptifs. Pour nous en tenir aux parents adoptifs, disons que cette croyance au manque que représente la filiation adoptive peut se traduire de trois façons. D'abord du fait qu'au moindre problème rencontré, ce problème est mis sur le compte de la filiation étrangère ou pire, de gènes différents. Ensuite, le sentiment de manque peut concerner la déception que l'enfant ne soit pas le ciment du couple. Enfin et surtout, les parents peuvent ressentir douloureusement le fait de ne pas avoir procréé l'enfant.

Filiation étrangère

Reprenons chacun de ces trois symptômes. La filiation étrangère, d'abord. Cet alibi de ce que serait la bonne ou mauvaise filiation, le bon ou le mauvais gène, s'inscrit dans la croyance au déterminisme absolu (où s'ancre d'ailleurs la question de Dieu). Il suppose que tout se passe en dehors de la conscience, que l'on ne peut que subir ce qui nous constitue, ce qui n'est qu'un artifice fallacieux destiné à démissionner de la relation. Mais il y a plus. Si cette démission est une façon de s'effacer derrière les parents biologiques de l'enfant, imaginairement seuls susceptibles de détenir les clés des problèmes rencontrés par l'enfant, cet effacement n'est en réalité que le masque de l'effacement des parents face à leurs propres parents, seuls investis du pouvoir de savoir du fait de la procréation.

L'enfant ne peut pas être le ciment du couple

Dans ce sentiment du manque généré par l'incapacité de procréer se loge une autre déception : celle que l'enfant ne puisse pas être le ciment du couple parce qu'il n'en est pas biologiquement issu. Rappelons que cette déception ne prend corps qu'en miroir du fantasme que l'enfant pourrait l'être car il serait la preuve concrète de ce lien et pourrait le faire tenir et durer. Là encore, ce fantasme sert à se déresponsabiliser du lien de couple en faisant comme si seul un tiers issu des deux pouvait le tenir. Ce même fantasme est par ailleurs sous-tendu par l'idée (très répandue) que ce lien n'est pas entamable, tant il est supposé surdéterminé par une transcendance. Le problème est que cette croyance à la surdétermination efface la différence entre ces trois personnes ; par là, elle obture la possibilité de réfléchir et de revenir sur ce qui rate dans la relation. Le fantasme est d'ailleurs là pour cela : pour éviter que l'amour ne puisse faire question, ce qui le condamne inéluctablement au ratage.

La douleur de n'avoir pas procréé

Enfin, et c'est le point le plus brûlant, la douleur de ne pas avoir procréé nous fait pénétrer directement au cœur du fantasme du lien de chair qui constitue un pan très profond de la construction inconsciente de l'être humain. Au-delà du fantasme du ciment du couple se pose ainsi un autre fantasme encore plus grand, celui de la fusion, du rêve d'un amour fusionnel qui le conduit à être éternellement déçu. Et c'est de cet énorme fantasme dont le lien de chair et le lien de sang sont l'objet dans l'inconscient. Or il confine à être éternellement déçu et à ne jamais sortir du symptôme, à emprunter des voies sans issue. Ce leurre, cet abus, cette escroquerie, ce n'est pas l'autre qui me dupe, c'est moi qui dupe l'autre pour être aimé (pour ne pas être mis à nu dans mes failles).

C'est bien cela que je vais interroger désormais en posant un premier principe : « Règle tes problèmes de parent avant de croire que c'est l'enfant qui pose problème. » Et c'est ce que je vais démontrer par l'exemple dans le chapitre qui suit.

6
Retour à la conscience

Il faut se garder de croire que cacher à l'enfant son abandon et son adoption puisse être une bonne chose. Le soustraire d'un savoir sur lui le soumettrait inévitablement aux effets du non-dit. Un non-dit qui, non seulement se transmettra, mais qui, de surcroît, laissera la place à un imaginaire sans limites. Se taire de peur de blesser l'enfant ne peut que lui laisser supposer que cet abandon est empreint de fatalité.

Ce constat impose d'aller au-delà de l'évidence première que serait l'impact ineffaçable de cette blessure.

La clé est donc du côté des parents, ce qu'ils réfractent de leur vécu sur l'enfant ; ce que l'enfant fait de la transmission de ce vécu ; et enfin – c'est le point crucial : l'ouverture des parents à l'enfant, précisément l'acceptation de sa différence.

En d'autres termes, l'enfant est tributaire de la possibilité qui lui est offerte de parler de son ressenti, de son vécu sans que les parents se sentent automatiquement et personnellement agressés dans leurs fonctions de parents.

Le fil est ténu, car de l'attitude des parents dépend le comportement de l'enfant, un comportement sans cesse entre deux écueils. Soit une trop grande gratitude envers ses parents, gratitude qui témoigne qu'inconsciemment l'enfant croit qu'il ne mérite pas cet amour ; soit par une répétition en actes de l'abandon, l'enfant se mettant à son insu en position d'être abandonné. Ces deux symptômes ne sont pas exclusifs l'un de l'autre puisqu'une gratitude sans bornes n'est que l'expression d'une caution inconsciente de l'abandon.

Il faut donc dénouer ces fils, ces symptômes liés à cette absence de lien « biologique » ; absence qui n'a de consistance que dans les énormes fantasmes inconscients qu'elle porte. C'est là que la psychanalyse intervient, révèle le fantasme et met des mots sur les maux.

Je vais prendre en exemple trois vignettes cliniques, trois cas vus, révélateurs des fantasmes inconscients... et du retour à la conscience.

« La femme »

Une femme d'origine turque ressent une profonde tristesse de n'avoir pas porté son enfant dans son ventre. Elle a le sentiment qu'il manque quelque chose à cette relation, et ce, même si elle s'occupe beaucoup de son enfant. Cependant, cette souffrance sert aussi de levier de rapprochement. Car c'est également par ce manque qu'elle croit partager, qu'elle ressent la force de son amour pour son fils.

Mais le sentiment de manque est si brûlant qu'elle ne parvient pas à prononcer le nom de la mère biologique de son enfant ne pouvant l'appeler autrement que « la femme », et que, par ailleurs, elle ne peut en parler à son fils sans être saisie d'une émotion forte.

Or elle découvre en analyse que le mot « ventre », en turc *karin*, comporte un double sens, un sens insu qui signifie « ta femme ». L'écoute de cet autre sens lui ouvre une nouvelle perspective en faisant émerger la dimension de fantasme à laquelle cette douleur s'adressait.

Cette douleur qui, en conscience, se rapportait à son ventre qui n'avait pas enfanté n'était relié, de fait, qu'au fantasme que le double sens de ce mot véhiculait, à savoir la croyance que le passage dans ce ventre aurait pu consacrer une alliance, une fusion absolue entre l'enfant et la mère qui devenait sa femme. En d'autres termes, ce n'est qu'en entendant ce désir d'être « ta femme », la femme de l'enfant, qui insistait derrière ce ventre vécu comme un passage manquant, que pouvait lui être restituée la dimension de fantasmé rattachée à ce transit par le ventre et, du même coup, la possibilité de relativiser le poids qu'elle inférait à cette partie du corps.

Ce qui est patent, c'est que ne pas pouvoir parler de la mère biologique à son enfant autrement qu'en la nommant « la femme » témoigne qu'inconsciemment, pour elle, c'était la vraie mère. Viscéralement, elle se sentait reléguée au rang de seconde mère comme si la seule mère possible était celle qui avait porté l'enfant dans son ventre eu égard au fantasme qui la hissait au rang de femme de l'enfant, d'où le nom « la femme » pour la mère biologique de l'enfant.

Mais au-delà de cette femme à qui inconsciemment elle laissait sa place de mère, elle laissait sa place de mère à sa propre mère, comme si seule celle qui avait porté l'enfant dans son ventre aurait pu l'être. L'amour très fort qu'elle ressentait pour son enfant en croyant partager ce manque n'était que l'effet d'une position d'enfant qu'elle ne voulait pas lâcher ; c'est-à-dire le fantasme de la toute-puissance de son lien à sa propre mère.

Ce qui est primordial à saisir, c'est que cette confusion douloureuse, ce panneau de la fusion absolue consacrée par le ventre, pour lequel elle s'abolissait, s'arrimait non pas à ce manque physique, mais bel et bien à une illusion qui l'enfermait dans une souffrance d'autant plus vive qu'elle ne pouvait en percevoir la raison sans écouter le sens de fantasme du mot refoulé. Un mot qui seul la tenait prisonnière de ses maux.

Se permettre

Un homme, père d'un jeune enfant, éprouve très douloureusement une oligospermie qui l'a conduit à l'adoption. La survenue de son fils a été pour lui une grande joie ; cependant, il ne se sent pas vraiment père. Plus précisément, il a l'impression que s'il avait été le géniteur, s'il avait eu un sperme qui fonctionnait, il aurait pu se permettre beaucoup plus de choses dans la vie.

Ce qui se répercute dans les relations avec son fils, avec qui il reste en retrait malgré un sentiment fort. S'il reconnaît le côté dérisoire et presque absurde de la chose, il adhère réellement à cette impression, source d'une vraie souffrance, d'autant qu'elle se redouble d'une sensation d'amoindrissement par rapport aux autres pères géniteurs, qui représentent la figure de son père, très idéalisé par ailleurs.

Or le nœud du problème, après un sérieux parcours analytique, se condense dans le verbe « se permettre ». En effet, plusieurs fantasmes étaient détenus dans ce mot refoulé. Le premier concerne le pouvoir qu'il conférait au sperme et dont il se sentait privé, à savoir le pouvoir de le faire être, qu'il transférait aux géniteurs. Loin d'être lié au sperme lui-même, ce pouvoir l'était dans le signifiant refoulé pour lequel ce père s'abolissait : sperme être. Mais il y a plus.

Son point de vue sur son « manque » change lorsqu'il se rend compte que le pouvoir qu'il infère à cette substance n'a fait que prendre le relais d'une sensation ancienne de diminution par rapport à son propre père que la découverte de son oligospermie n'a fait que renforcer puis déplacer sur cette substance, qui en est venue à symboliser son manque. Il a toujours eu besoin de demander la « permission » à son père, dans toutes les grandes décisions de sa vie, c'est comme s'il fallait que son père l'investisse d'une mission de père pour qu'il puisse réaliser ses désirs.

C'est alors qu'il perçoit une série de fantasmes derrière ce besoin que son père lui permette ce qu'il souhaitait. D'une part, il repère que ce détour est destiné à se protéger de toute responsabilité en cas d'échec. D'autre part, et de façon plus vive, il se rend compte que dans ce besoin d'être « permis », littéralement il était mis par son père. Au-delà du fantasme sexuel, il y a un sens symbolique fort. Il se faisait mettre par le père au sens où il en était dupe, non parce que son père était un salopard comme il en a eu le sentiment à un moment de son analyse, mais parce qu'il lui prêtait un pouvoir de maîtrise sans faille. De là s'éclaire en quoi il ne pouvait pas se permettre grand-chose.

Au-delà du sperme qui représentait cette puissance de maîtrise, le désir était représenté par le « père » en tant que « maître ». Fantasmatiquement, s'il ne se permettait rien, c'est qu'il attendait de mettre ce père, de le « baiser » pour prendre sa place comme si place de maître il y avait. Ce qui est remarquable, c'est que ce pouvoir quasi magique que ce patient inférait au sperme et dans la même veine au père – dont il supportait en terme d'impuissance le sentiment de manque – s'avérait lié non pas à cette substance en tant que telle, mais aux différents sens homophoniquement cachés dans ce signifiant : se permettre, sperme être, ce père maître, ce père mettre. En d'autres termes, c'est moins le deuil de l'enfant biologique qu'il faut faire que la mise à distance des fantasmes qu'il recèle pour le parent, le renvoyant à lui-même.

Abandon

Une jeune femme adoptée à l'âge de un an constate tristement que dans toutes ses histoires d'amour, elle s'est fait abandonner. Au fur et à mesure de ses séances, elle met en évidence à un premier niveau que c'est la peur de l'abandon, l'anticipation de celui-ci qui la mettait en position de le précipiter au moindre problème, comme s'il ne pouvait qu'être fatal. Elle réalise quelque chose d'infantile dans cette position, où, d'une certaine manière, elle remettait la question de son désir entre les mains de l'autre. Elle met en relation ce symptôme avec son histoire d'abandon premier dont elle n'a pas pu vraiment parler avec ses parents qui, selon elle, avaient peur de lui faire mal en traitant de ce sujet.

Au bout d'un certain trajet, elle s'aperçoit que derrière cette peur insistait un désir inconscient. C'est au moment où elle entrevoit sa part de jeu dans cet abandon que le mot « abandon » lui-même résonne autrement à ses oreilles. Elle entend dans ce mot « a » (privatif) « bande », « don », « a-bande-don ». Sa surprise est d'autant plus vive qu'elle découvre que la douleur de ses différentes séparations s'articulait au fait qu'elle attendait régulièrement quelque chose qui ne venait pas, à savoir qu'un homme représentant son père lui fasse don de sa bande. Ce que, dans toutes ses tentatives inconscientes pour être abandonnée, elle espérait. D'ailleurs, elle avait noté depuis longtemps que sa douleur était sans rapport avec l'amour qu'elle éprouvait pour l'homme qui la quittait.

Que représentait donc cette bande qu'elle attendait qu'on lui donne ? Tout d'abord, le pénis en érection qui figure imaginairement l'incarnation de la cause du désir, dans la mesure où c'est une preuve concrète, visible et tangible de ce désir. Quand bien même l'érection n'aurait rien à voir avec la maîtrise du désir, fantasmatiquement c'est cette maîtrise qu'elle projetait dans cette bande qu'elle attendait du père, comme si, de surcroît, il pouvait la lui donner. Mais il y a plus : cette bande était la condition incontournable de son désir le plus cher : fonder une famille, c'est-à-dire avoir une bande-on. La bande pénienne hissée au rang de condition absolue de la famille (bande-on) se fondait au-delà de l'équivoque du signifiant lui-même – qui, de fait, déterminait ce lien – sur l'imaginaire du rapport sexuel où, de façon visible, le pénis était fait lien concret entre deux personnes. À un second niveau, la dimension fantasmatique où s'était pour elle élevée la famille consistait dans le leurre d'un groupe où le « je » n'aurait pas sa part, où les personnes seraient exclusivement tenues par un désir commun, une « bande » commune susceptible de créer un « on ».

De là prend sens sa crainte de parler de sa famille « biologique », de son fragment d'histoire qui n'avait rien à voir avec sa famille actuelle : cette crainte d'abandon était dérivée d'une peur de dire « je », de sortir de la bande du on, d'exister sans le soutien du désir des autres. Autrement dit, si ce désir inconscient l'amenait à autodétruire son désir le plus cher (avoir une famille), ce n'était qu'au regard du fantasme de l'élément de puissance dont elle se croyait manquante et qu'elle transférait au père porteur de pénis dont inconsciemment elle attendait le don.

Force de frappe

Trois cas. Trois exemples dans lesquels le fantasme se cache (et se dénoue) dans les mots. Freud avait lié le dénouement des symptômes au fait que l'homme cesse de désirer « avoir » un pénis avec un autre homme, et que la femme fasse le deuil de son envie de pénis. Lacan avait fait un pas phénoménal en distinguant le plan symbolique représenté par le pénis, de son plan réel. En saisissant que l'avoir n'étanche pas le désir dont il est l'objet, il met au jour la dimension symbolique dont le phallus est effectivement investi. Mais il y a plus. Lacan met en évidence que ce n'est pas en tant que tel que le pénis est la raison d'être du désir, c'est en tant que signifiant majeur (« La direction de la cure »). Pour Lacan, le pénis prend son pouvoir de capture dans l'esprit, à partir de ce qu'il représente « l'image du flux vital qui passe dans les générations[1] ». Pour lui, ce n'est pas en tant que fantasme mais en tant que symbole qu'il est élevé à sa fonction de signifiant majeur capable de représenter tout le signifiable.

Or là est très exactement le problème qui, à ma connaissance, n'a jamais été vu comme tel. Ce bout de corps arrive à incarner (dans le symptôme) la cause du désir, à être concret par sa force de frappe par rapport à l'invisible de la pensée. Sa capacité à faire sens s'associe imaginairement à l'éjaculation et son pouvoir de « pénétrer » le réel. Le pouvoir qui lui est échu n'est appréhendable que parce qu'il représente dans l'inconscient le point de jonction entre l'esprit (le désir) et le corps, le lien entre la chair et le verbe. Le fantasme dont le pénis est investi tient sa consistance imaginaire dont le signifiant (le mot lui-même) est l'objet.

Le pouvoir est dans le mot, le mot qui peut blesser si douloureusement qu'il peut tuer (dont les expressions portent trace : le « fin mot », le

1. Jacques Lacan, « La signification du phallus », in *Écrits*, Paris, Seuil, p. 692.

« dernier mot »), le mot qui enferme le fantasme. Le mot affecte le sujet jusque dans son corps s'il l'épingle dans son manque ; un manque qu'il croit *a priori* fatal, d'autant que ce dernier se voit dévoilé, sans défense, à partir de ce qu'il suppose que l'autre sait de lui.

Or ce mot dit n'a d'impact que s'il rencontre un symptôme. Et la dimension de fatalité dont le symptôme est entouré ne prend sa consistance qu'en regard d'un fantasme. Un fantasme, c'est-à-dire une impossibilité recelée dans les mots refoulés, dont le sujet ne peut se libérer à condition de s'écouter. De l'intérieur, ce sont les mots refoulés qui conditionnent les rapports du sujet au réel, aux autres et à lui-même parce qu'ils emprisonnent ses désirs. Ce sont eux qui, par leur pouvoir de recel, contiennent plusieurs sens mais également plusieurs références qui font confondre les enjeux et les fantasmes qui se cachent derrière. Si le mot touche un désir qu'il endosse comme un manque ou un ratage, il fera sentir le déterminisme et la fatalité.

Une prison de lettres. En d'autres termes, le mot refoulé vole au sujet le sens du fantasme qui sous-tend ses désirs en l'aveuglant, ce qui le laisse démuni face à ses envies et alimente sa propension à trouver refuge dans le fantasme de l'autre. Mais il y a plus, la lettre refoulée, en lui volant le sens de fantasme qui détermine ses désirs, lui vole également sa raison, ce qui a pour effet de lui faire croire que l'autre représenté par le signifiant pourrait incarner cette raison. Ainsi, tant que le sujet ne s'est pas éprouvé à la limite du pouvoir du signifiant (la limite du pouvoir de l'autre), il est condamné à rater ses désirs les plus chers.

C'est dire aussi que là où le sujet pensait qu'il existait un lien, un sens absolu retenu dans un mot, capable d'unifier le sujet et l'autre, la chair et le verbe, la pensée et le réel, il se trouve que ce lien fusionnel est un leurre et que vouloir fusionner en l'autre conduit à passer à côté de l'autre comme à côté de soi.

Le lien biologique tel qu'il est fantasmé, oui, c'est l'incapacité de s'aimer vraiment.

Arrière, donc, cet argument biologique qui a tant de morts et de blessés à son passif !

7

La difficulté de s'aimer

Souffrance du parent et de l'enfant se rejoignent donc sur le fantasme du lien de chair qui, en toile de fond, fait trait d'union. Chez l'enfant, il fera retour à partir de la question de « l'origine biologique », qui resurgira fréquemment comme la clé illusoire de ses problèmes ; chez les parents, le fantasme du lien de chair s'exprimera dans le deuil raté d'un « enfant issu de leur chair » comme réserve nostalgique de l'enfant idéal et de l'amour parfait qui bien entendu n'a jamais été.

C'est très paradoxal, car le lien biologique n'a pas l'ombre d'une mémoire et ne porte aucune nostalgie. Ce qui nous constitue dans notre corps (chromosomes et compagnie) nous est définitivement fermé et intouchable. En revanche, notre histoire (constituée de souvenirs et de conscience) est amendable. Il faut donc sortir du biologique.

Sortir du biologique

Ce n'est pas facile ! Au départ, l'enfant croit à ses deux parents comme à Dieu. C'est précisément au moment où il est déçu par eux, lorsqu'il s'aperçoit que l'idéal où il les avait élevés ne colle plus à leur humaine condition, lorsqu'un voile se déchire en laissant entrevoir cette réalité, que l'enfant s'invente d'autres parents biologiques merveilleux en se croyant adopté par sa véritable famille. À quoi sert ce rêve ? À sauver coûte que coûte, répond Freud, l'idéal où l'enfant avait hissé ses vrais parents par voie détournée, ces parents merveilleux n'étant que le masque de ses propres parents.

Nourrir le fantasme de l'origine biologique n'est qu'une manifestation d'un refus de savoir ce qui constitue l'humain : sa fragilité, sa mortalité, mais aussi la possibilité de se tromper – comme celle de créer. Et quand le droit cautionne de façon voilée la transcendance de l'origine biologique, il participe à la déresponsabilité en frappant le lien à l'autre d'une certaine fatalité. De la même façon, par le flou de son positionnement, le droit entretient chez les parents adoptifs le sentiment d'impuissance de n'avoir pas procréé.

Or c'est précisément ce sentiment qui peut les entraîner à cultiver le rêve d'un enfant issu de soi, le rêve de ce que cette relation soit fusionnelle, c'est-à-dire reproduisant de l'identique, et non marquée par la différence.

Ce qu'il y a de frappant dans ce fantasme, c'est qu'il s'articule de façon très profonde à une nostalgie du lien père/enfant ou mère/enfant, à savoir à une nostalgie du lien originaire des parents à leurs propres parents. Or cette nostalgie marque le lien actuel des parents à l'enfant adopté du sceau d'une certaine négation. Mais plus encore, elle dégage les parents de ce lien pour maintenir le fantasme du lien à leurs propres parents comme une entité idéale, par quoi ils s'interdisent de prendre leur place par rapport à l'enfant, place qu'ils laissent vacante pour leurs propres ascendants.

Faire une place à la différence

Au-delà même de l'adoption – car c'est vrai pour tous – nous touchons la butée inhérente à toute filiation : la pente du rejet de l'enfant s'il est différent de soi ou s'il ne fait pas ce que l'on désire, la pente de la répétition des erreurs que ses parents avaient commis avec soi, l'adoption d'une attitude contraire à l'un de ses parents (qui paradoxalement s'inscrit dans la même veine que la répétition à l'identique en ceci que l'enfant est mis à sa propre place sans que sa différence ait été perçue). Tout cela se noue autour du lien de chair comme lieu fantasmatique de la fusion.

Et que personne ne se dédouane au motif que ses enfants ne sont pas adoptés ! L'adoption, ce n'est que le miroir grossissant de la difficulté humaine de toute filiation, et plus largement de la difficulté humaine à aimer. Je veux parler de la difficulté que l'être humain rencontre à s'ouvrir aux questions que pose l'autre dans sa différence, à faire une place à cette différence et à partir de ceci qu'il n'en fait aucune à la sienne : ni à l'écart entre ce qu'il veut et ce qu'il fait, entre ses désirs et ses ratés, ni à l'écart entre les réels qui causent ses peines et ses joies et ces réels mêmes. Il préfère nier les motifs qui se cachent derrière l'émotif, censurer l'émotion, de crainte d'être surpris en flagrant délit de manque de maîtrise.

Or cette attitude a une raison : la peur. La peur de retourner sur les chemins de son passé, de revisiter ses amours infantiles dans leur réalité, de voir vraiment où il était dans ses émotions anciennes qui, par moments, resurgissent à ses dépens. Ordinairement, il préfère la nostalgie. En grec, la souffrance du retour que je traduirais par le choix de la souffrance en tant qu'elle figure à tort pour l'homme une preuve d'amour.

Ce choix accule l'être très loin hors de lui, puisque c'est ce refus du retour, ce refus de penser à lui, qui le conduit à tenter vainement de trouver un refuge dans le regard (et l'amour) de l'autre. La magie du même qui ordonne sa quête d'amour le guidant dans ses pas. Alors que le même recherché en amour ne peut, à la longue, que se déprécier dans l'insatisfaction et l'anxiété, en ceci que la clé de ce que l'on est substituée.

Or, cette clé, aucun autre que soi ne l'a. Comme le dit si bien Milan Kundera dans *L'Ignorance* : « En espagnol, *anoranza* vient du verbe *anorar* (avoir de la nostalgie) qui vient du catalan *enyorar* dérivé du mot latin *ignorare* (ignorer). Sous cet éclairage étymologique, la nostalgie apparaît comme la souffrance de l'ignorance. »

L'expérience montre qu'on a le choix : souffrir de l'ignorance pour entretenir la nostalgie d'un rêve d'amour originaire et absolu, ce qui contraint l'homme à ne jamais vivre l'amour (ses plaisirs et ses peines), à n'être jamais dans le moment pour maintenir le fantasme de son tout ; ou alors cesser d'ignorer et entamer l'amour de son rêve, ce qui est la seule condition pour que, dévêtu de ses oripeaux métaphysiques, l'amour, c'est-à-dire la relation à l'autre, se déleste de sa fatalité et devienne, avec soi, réalité.

8
Sortir de l'abus

Trois éléments se dégagent donc de la manière dont la société regarde la famille et la filiation : la transcendance biologique, l'injonction à ne pas savoir et l'abus de pouvoir. Cela nous conduit à subir l'ordre établi, à réduire sa jouissance à une transgression, de peur du plaisir, par son antinomie à la maîtrise. Par quoi on se condamne à être déjà mort, non de peur de la mort comme souvent on le croit, mais de peur de vivre.

Vivre dans le regard de l'autre

Si l'on ne veut pas toucher à cet ordre, c'est qu'on ne veut pas toucher à l'amour. Pourquoi ? De peur de découvrir qu'il n'y en a pas. Or la question n'est pas là. Si l'amour se pose en termes binaires pour l'enfant, en termes de tout ou rien, c'est que d'abord il associe la violence, quel que soit son degré, à une toute-puissance, alors que la violence est le signe d'une impuissance. De plus, il croit que la violence qu'il subit vient de lui. C'est parce que, inconsciemment, il la légitime, qu'il la vit comme une perte d'amour.

Or pour l'adulte, c'est la même chose. C'est cette croyance à cette transcendance glacée qui le pousse à se fuir, à se masquer, à passer à côté de sa vie en oubliant de se demander ce qu'il désire vraiment pour lui, dans sa propre vie, pour séduire cet Autre, être reconnu de lui. Et dans cette course-poursuite, il s'est perdu de vue au point de ne plus savoir où il est, ni ce que veut dire aimer.

Sortir de l'abus, de l'inconscience, de la toute-puissance, de l'Autre est bien le rôle de la psychanalyse.

Le besoin de croire à la toute-puissance de l'autre

Cet abus, l'enfant ne le voyait pas parce qu'il était dans sa famille et parce que le propre de l'enfant est de croire les paroles de ses parents. Leurs rôles fonctionnent comme un discours qu'il apprend et qu'il prend pour vrai sans recul, sans écart pour pouvoir trier. Avec l'adolescence, l'apport de l'extérieur, ses lectures, ses réflexions, l'urgence sexuelle et amoureuse qui le poussera à se détacher de ses parents, une distance va se creuser. Si tout va bien, il va mettre en question ce qu'il a reçu, tandis que, par voie inconsciente, les mécanismes de cette ascendance et de cette aliénation parentale continuent à se déposer, et en se déposant, en s'écrivant, à se déconstruire du même mouvement.

Mais curieusement, le sujet (ceci vaut aussi pour l'adulte) s'accroche à cette toute-puissance parentale (qui sera transférée à d'autres figures d'autorité), même si cette adhésion se fait à ses dépens. Il s'y accroche tout simplement car il a des intérêts à y croire en termes de protection et de déresponsabilisation, mais également en termes d'identification.

Quand bien même ces identifications prélevées sur des traits idéaux parentaux rateraient, le sujet les protège car il attend d'hériter de cette toute-puissance ou qu'on lui en fasse don.

Néanmoins, faute de cet héritage et de ce don qui ne peuvent advenir, car cette toute-puissance n'existe pas, à un moment, dans l'inconscient, il y aura un retournement de l'amour en haine. Le sujet va tenter d'abuser comme il a été abusé pour tenter de récupérer cette toute-puissance qu'il accorde à l'autre. Jusqu'à ce que le trajet inconscient se conclue par la découverte que si, à l'origine l'abus (actif/passif) s'ordonne à la croyance en l'Autre, cette croyance s'avère déterminée, en dernière analyse, par le pouvoir condensateur des mots.

De ce fait, ces mots nous absorbent et nous abusent à un point extrême, au point qu'ils peuvent nous agiter sans qu'on n'en sache rien. Au point que leurs effets se font sentir dans notre tête et notre corps jusqu'à ce que leur sens de fantasme qu'ils retiennent de façon anagrammatique dans leur son se libère et accède à la conscience par la voie autoréflexive qu'est l'analyse.

Trouver sa liberté

C'est ainsi qu'au terme de son trajet, la psychanalyse nous délivre du fantasme de l'Autre à travers lequel nous nous sommes construits. Ce en quoi elle nous mène à la liberté ; une liberté qui part de la réalisation de l'incomplétude de l'autre et de soi. Puisque, à la place de cet Être arrêté, abouti, qu'on fantasmait dans l'Autre, pour le projet de son Être, on ne trouvera que des fonctionnements, des systèmes, la pensée. Ce qui remettra l'homme à pied d'égalité avec tout autre.

Aussi, au lieu de courir derrière l'amour de cet « Autre » dans une quête éperdue, en faisant correspondre sa pensée avec ses sens et ses émotions qu'auparavant il chassait de peur d'être surpris en flagrant délit de non-savoir par une autorité fictive intériorisée, le sujet retrouvera de l'amour pour l'autre, car ce qui surgira dans ce creux de la raison mise au jour, c'est le cœur, la fraternité. Le désir d'aimer pourra reprendre sa place au côté du désir d'être aimé, et le désir de savoir pourra se substituer au désir de pouvoir. L'accès à soi redéfinissant la possibilité d'un échange effectif dans une nouvelle ouverture à l'autre et au monde. Autant dire que la psychanalyse démontre en acte la réalité de la Déclaration des droits de l'homme.

L'État a donc le choix. Soit il continue à opter pour un contrôle croissant de la population, la restriction des droits au nom de prétextes qui tous manquent de raison (à coups de jolis mots tout juste écran à une réflexion en désertion), et alors ne pourra refluer que le grondement de la révolte et de la haine jusqu'à explosion ; soit il revient à la devise républicaine, et les lois laissent un large espace de respiration au droit de tous et de chacun. Car, même si la devise républicaine peut nous paraître exsangue, vidée sans relâche par les coups qui lui sont portés ; même si cette devise perd dangereusement de sa substance tant l'écart se creuse entre les lois et le droit des gens, elle reste ce qu'il y a de plus juste. Déconstruisons le noir et nous verrons le bleu.

9
Rater sa vie en beauté

Sortir de l'abus… ou rater sa vie en beauté… Il faut pénétrer plus avant dans la problématique du symptôme. Celui-ci procède de la religion du père ou de la mère selon les cas, en ceci que tout ratage dans le réel de ce que le sujet désire le plus n'est permis en conscience que pour un autre modélisé sur les parents du sujet, en tant qu'il symbolise la réalisation de son désir. Il est intéressant de noter que cette permissivité à l'échec se manifeste toujours en conscience par une pseudo-rationalisation visant à oblitérer que le sujet est en cause dans le symptôme. Or le propre de ce dégagement du sujet à l'endroit de son aspiration à la mort, dont l'insuccès est un ferment, est de s'écarteler entre deux positions complémentaires. Soit il s'enracine directement dans un désir de rétorsion, et la haine seconde prend les devants de la scène (paranoïa) ; soit cette face de haine toujours existante est refoulée, et le sujet la retourne contre lui dans le cadre de la dépression ou de la mélancolie. Alors le sujet se prend pour la cause du raté. Ce qui se traduit, en conscience, par l'idée d'une destinée fatale, au-delà de laquelle se profile la divine volonté paternelle qui contraint le sujet à s'y abolir comme s'il ne saurait qu'en être l'objet.

C'est dire que le propre du symptôme est d'exclure le réel externe, en tant qu'il se voit incarné dans l'autre par une lettre qui le médiatise pour protéger la croyance au déterminisme absolu, hors de toute responsabilité. Le propre du symptôme est ainsi d'être délirant par essence ; délire que le sujet garde pour lui et invoque le ratage en soupirant. Ainsi, il se construit un écran imaginaire de la toute-puissance de l'autre, visant à occulter que, dans le ratage, le sujet y était impliqué comme désirant. Ainsi, par peur de réaliser son rêve, d'être soi, on est tous tenté de se réfugier dans une posture de victime de la fatalité pour justifier de n'être pas allé au bout de son désir. Car contrairement à ce que l'on pourrait croire, il est plus facile et presque plus confortable d'échouer que de réussir. En effet, réussir, c'est aller au bout de la question de l'être et de la filiation. Et c'est loin d'être évident.

Rater pour un autre

Pourquoi rater pour un autre ? Pour sauver la dimension idéale de cet autre. Car derrière l'autre pour lequel le sujet suspend sa raison et se démet de son désir de s'y substituer – ce qui en retour le laisse inentamé – se profile l'identification à l'un des parents. Par quoi, ce qui est protégé comme possibilité par le symptôme, c'est l'identification absolue et imaginaire à l'un des parents, c'est l'identité, le même, que laisse à désirer en conscience *via* le symbole commun du nom du père, du lien de chair ou du lien de sang.

Rater pour ne pas vivre, rater pour ne pas voler de ses propres ailes, rater pour se réfugier sous l'aile protectrice du parent, justement, et rêver de pouvoir disparaître en lui (rêve avorté). Le tout inconsciemment, bien sûr, ce qui donne des symptômes en conscience.

Ce qu'il faut saisir, c'est que si le sujet projette le sens de son identité dans un dernier mot, une ultime clef, une empreinte génétique qu'il infère au symbolique, ce n'est pas qu'il est fou, c'est qu'il croit au déterminisme produit par son inconscient qui lui fait répéter dans l'échec les erreurs que ses parents avaient commises et pas seulement avec lui. C'est dans le symptôme, là où le sujet peut tomber matériellement au pied d'une lettre et y suspendre un moment sa raison, que l'inconscient prend le relais du réel et conduit au pire.

Mot à maux

La fonction de l'inconscient consiste à lier et à lire le sens des faits externes en fonction du désir d'être du sujet. Et pour condenser ce réel, l'inconscient se sert du sens équivoque des mots. Je m'explique. Comme nous l'avons vu, les mots ont plusieurs sens. D'une part un sens permis, dictionnarisé, et d'autre part un sens qui connote la finalité inconsciente du désir humain, à savoir le désir de se substituer au pouvoir d'un autre imaginairement parfait pour être aimé à sa place. Ce à quoi font écho le désir de tricherie, de tromperie, d'abus, d'escroquerie et, en dernier terme, le désir de meurtre. La condition de possibilité de cette croyance à la substitution tient à cette même capacité de substitution d'un mot à un autre dans le langage. Or c'est avec le langage que la raison officie pour s'orienter dans le réel. Tout peut se brouiller, le sens peut se suspendre, devenir un sens interdit outrepassant la grammaire et trompant en conscience le sujet.

Sens interdit

C'est ce sens interdit qu'il faut remonter et dénouer pour parvenir à ce qui attache en raison le rapport interne du mot au corps. Il y a deux voies dans l'inconscient, une voie de savoir, partant du manque pour le signifier, et une voie de jouissance abusive et abusée tendant artificiellement à le colmater. Là est l'origine du rejet de la différence. Cette différence que l'on peine à assumer (autant dans la filiation que dans tous les compartiments de la vie). Et rejeter la différence (même à son corps défendant), c'est rejeter la raison.

Qu'y a-t-il dessous ce rejet ? Pas forcément la haine de l'autre parce qu'il est différent de peau, d'origine, de religion ou autre. Il y a plutôt l'horreur de l'hétérogénéité de la raison à elle-même, c'est-à-dire de soi à soi ou, pour le formuler autrement, l'incapacité à être ce que l'on voudrait être.

10
La psychanalyse, ou trouver la possibilité d'aimer

Mais il est possible de réorienter sa vie ainsi que celle de ses enfants.

Il est possible de sortir de la prétendue fatalité et de la haine de soi que distille le sentiment de ratage.

Il n'y a pas d'amour sans haine

Pour cela, il faut bien comprendre une chose : il n'y a pas d'amour sans haine. Une haine qui n'exempte personne, malgré le refoulement que les gens de bien lui opposent à juste titre. Non, il n'y a pas d'un côté les gens qui savent aimer et de l'autre ceux qui ne peuvent que haïr. Il y a de la haine partout, comme ombre portée de l'amour… et jusque dans le rapport parents/

enfants ; une haine qui est la croix que l'amour porte sur son dos et qui consiste, en dernière analyse, à se défendre de la nudité du réel.

Or le propre de la psychanalyse est de démontrer, en mettant au jour les désirs refoulés qui portent tous sans exception sur le désir de jouir de l'autre, la finalité absurde que la haine sert. Surtout, la psychanalyse fait valoir le leurre qui sous-tend cette haine. En effet, le désir de jouir de l'autre, d'en faire son objet, tend à toucher par le pouvoir des mots le corps de l'autre, en faisant sortir émotionnellement, visuellement, son corps des gonds de sa raison, pour usurper le crédit de toute-puissance qu'à tort le sujet confère à cet autre. Un autre toujours identifiable aux parents. C'est dire si les fantasmes d'inceste et de meurtre qui condensent le terme inscellable de cette jouissance sont animés par le désir de se substituer à un autre, à partir d'un idéal d'amour absolu déçu.

C'est là qu'est la psychanalyse

C'est là qu'est la psychanalyse : à cette limite où le mot passe de la dimension de médium à la fonction d'instrument ; à ce point où l'autre se dégage de la référence absolue où il s'était élevé à l'insu du sujet ; à ce moment où l'homme peut, à l'aune de sa désidentification à l'autre, se référer au réel externe pour reconceptualiser les faits. Et que s'engendre pour lui, en retour, la possibilité de créer en raison… comme en amour.

L'inouï est que cette modification réelle qu'opère la psychanalyse par la parole jusque dans le corps du sujet se passe d'un savoir biologique sur les modifications physiques qu'entraîne ce trajet ! Mais, en outre, l'accession du sujet à un savoir sur son être, fût-il en termes de manque, et sur sa filiation, se passe également d'une intervention directe et visuelle sur son corps. En effet, par la psychanalyse, il est possible de ne pas être pur objet de savoir pour dépasser par le dire et le son le mur imaginaire du corps. Contrairement à ce que laissent à désirer les empreintes génétiques, il est possible d'accéder à un savoir en souffrance sur sa filiation, emprisonné dans le corps… pour ne plus en souffrir. Le dire jouant seul comme révélateur de ce savoir, le corps du psychanalyste jouant comme suggestion à son externalisation.

Voilà le trajet qu'il est possible de réaliser, et dans lequel surgira le plaisir. Mais ceci ne peut advenir pour un sujet que lorsqu'il aura touché du doigt qu'au lieu de la formule alchimique qu'il prête aux gènes, empreintes ou autres artefacts qui empêchent de se trouver soi-même, il peut être père ou mère. Qu'au lieu de ce savoir déterminé qu'il imagine retenu dans un dernier mot qu'un autre, et notamment l'un de ses parents, détiendrait, il n'y a qu'un reflet imaginaire qui se réfracte, celui de la détermination.

Ainsi, le droit doit prendre acte de la réponse fallacieuse qu'est le recours aux empreintes génétiques, puisque la passivité radicale que son opération promet, en court-circuitant la parole et le désir, a le tort d'alimenter le sens du fantasme inconscient. En effet, en pariant exclusivement sur le déterminisme, ce recours légal enjoint au sujet de s'en remettre aux mains de la fatalité dont les conséquences sont la suspicion, l'erreur, la haine, et enfin l'échec dans la répétition. Alors que localiser cet impossible, cette faille qui fonde le désir d'enfant à exister, ouvre à rebours la possibilité que l'amour s'ordonne à autre chose qu'à un destin. Et notamment à une dimension interactive regardant vers l'avenir.

Adieu Prométhée

Aussi je souligne qu'il n'y a que deux choix. Le premier est de référer l'homme au champ de ses possibilités, et donc à l'indéterminé de la subjectivité qui mobilise son devenir et le renouvellement de ses pensées. Alors on ouvre l'horizon de la responsabilité, de l'amour et du désir. Le second choix est de référer l'homme à son corps, à ce qui manque en perception d'un point de vue interne à sa raison (sachant que le lien entre la chair et le verbe échappe irréductiblement, d'un point de vue interne, à l'entendement humain). Et de ce pas on mise sur la supposition de détermination absolue qui émane comme reflet de son unité imaginaire.

Mais alors il faut savoir que, dans ce second choix, par cette identification, on ouvre les vannes de la révolte, du meurtre et de la haine.

Au mieux, tel Prométhée, qui est une des figures de fils, le sujet tentera de voler le feu des dieux, figures parentales par excellence, pour essayer de s'incorporer leur pouvoir et leur identité. Ce qui maintiendra inchangé le mirage de leur toute-puissance, puisque dans ce vol, il n'aura pas à entamer la question, « d'où vient le feu ? » ou, ce qui revient au même, « d'où procèdent les fondements de la croyance en ses parents ? ». Là où la psychanalyse aurait révélé au sujet qu'il n'était pas nécessaire de voler ce feu des dieux, car il l'avait déjà en lui. Elle lui aurait aussi appris que ce feu aveuglant de la toute-puissance n'était pas brûlant mais glacé, puisqu'il était lié à l'indéterminé de la raison dont seul l'usage comme matière à réflexion conditionne la portée du renouvellement du savoir, et de l'amour, dans le registre de la créativité.

Mais pour cela, il lui faudra interroger l'inconscient. C'est un long chemin qui peut nous donner ses lumières… le tout est de savoir le lui demander.

11
Peut-on être responsable ?

Quand le droit accepte de recourir aux empreintes génétiques ou aux examens de sang pour trancher un problème filial, on a vu qu'il précipitait les sujets dans une voie symptomatique, autant qu'il mettait en contradiction avec la visée profonde des droits de l'homme, qui est celle de la responsabilité. Cette technique ne délivre pas le secret du lien filial mais compare des similarités et des incompatibilités génétiques externes à l'intériorité humaine qui fondent la richesse d'une filiation. Comme si l'amour et la raison étaient parallèles à des branches d'ADN. Or c'est précisément cette hypothèse qui fait problème puisque personne ne peut être responsable de ses gènes.

Responsable. C'est bien le mot. Si tout était dans le gène, si tout était dans le fait de procréer, si tout était déjà écrit et qu'il n'y avait plus rien à faire, rien à changer, mais qu'à remettre sa destinée ainsi que celle de sa descendance à la divine volonté ou à la science (plus tard, lorsqu'elle aura avancé), cela voudrait dire que la filiation n'est que fatalité.

Prendre le pas sur ce qui est déterminé

Or être responsable présuppose la possibilité de prendre le pas sur ce qui est déterminé, de revenir sur ses erreurs, sur ses ratés pour les transformer en vérités et en succès. Aussi c'est notre devoir de nous demander très sérieusement, eu égard à la gravité des enjeux, si l'amour filial en particulier, et si le rapport à l'autre en général, dépendent exclusivement de l'inné, ce que la référence au gène en ce domaine sous-tend.

Alors, la responsabilité humaine est-elle de l'ordre du possible ? C'est l'avènement de la démarche scientifique qui découvrait à l'homme la possibilité d'être responsable du réel. Puisque le scandale que la science produisait, à l'heure où la religion dominait, consistait à démontrer en acte, et notamment avec Galilée, que tout ne se savait pas au préalable, que tout n'était pas déjà là d'un point de vue symbolique, puisqu'il était possible de conceptualiser des lois naturelles physiques qui n'étaient pas déjà écrites dans le grand livre sacré ; des lois qui, en outre, le contredisaient ; des lois que pas même Dieu ne connaissait et qu'il s'avérait possible d'inventer.

Q'est-ce qu'être responsable ?

C'est Kant qui fait un autre grand pas sur la question de la responsabilité. En réponse à Descartes dont le secret dessein était de réconcilier la science et la religion, Kant met en évidence que le déterminisme absolu qui sous-tend l'identification cartésienne de la pensée à l'être, et de l'être à Dieu, est lié à un effet irrationnel de la raison qui se transmue en l'imaginaire d'une toute-puissance homogène et absolument autodéterminante. C'est dire qu'en trouant le déterminisme psychique d'un indéterminé propre à la raison, Kant peut soutenir la possibilité de la responsabilité de chaque homme face au réel.

Ni les gènes, ni la suture mystique ne donnent autorité et responsabilité. La responsabilité appartient à n'importe qui. Cette évolution est importante car elle détermine le raisonnement sur la filiation. En déconstruisant les autorités innées et incontestables du fait de leur naissance, s'ouvre l'espace de la démocratie et des conditions de la responsabilité, c'est-à-dire un lien admis. C'est le même chemin pour la filiation, la sortie d'une autorité absolue parce que innée pour un lien voulu et construit sur le choix. Pas plus qu'il n'y a de monarchie de droit divin, il n'y a – ou il ne devrait y avoir – de filiation de droit divin.

Néanmoins, Kant ne va pas jusqu'à dire quel est le déterminisme qui pousse l'homme à vouloir jouir de l'autre ; et quel est le facteur réel qui pousse l'homme à croire au déterminisme de son être en termes de mal et transgresser. C'est cette interrogation que la psychanalyse prolonge. C'est en effet à la mesure du dénouement des torts parentaux une fois que ces torts partagés sont dits et non plus répétés que le sujet pourra se réhabiliter. Il faut donc d'abord parcourir les failles du rapport parental où se reflète la sienne propre. Une faille à laquelle la haine inconsciente faisait office d'écran. Car c'est précisément pour maintenir le fait d'être issu d'autres que, par moments et à l'occasion d'un réel, le sujet s'ouvrira au retour du refoulé. La psychanalyse touche à cette curiosité de la filiation parce que la seule transmission qu'il y ait au-delà du langage, la seule qui tienne, c'est la transmission de désir et donc d'un manque. Et ce n'est certainement pas la transmission de la toute-puissance que le sujet croit hériter de ses parents. C'est cette même symbolique qui parcourt la transmission du nom du père, ce pouvoir de nommer, pouvoir du nom qui est aussi le pouvoir du « non ».

Dès lors, seule la responsabilité et la conscience sont susceptibles de refonder le sujet dans sa filiation.

Oui, c'est vertigineux. Ne le nions pas.

Mais, oui, on peut être responsable si le droit ne nous considère pas comme des irresponsables, ce qui, finalement, s'avère autoréalisateur.

12
Le savoir est toujours menacé

Le mal est profond, là, un peu partout.

Partout, la biologie ou la technique tentent de figer les choses, de renvoyer à un comportement automatique, de refermer le couvercle de la cocotte-minute sur la pensée et la responsabilité. Il est vrai qu'il est plus facile de se cacher derrière des autorités et des certitudes que d'essayer de penser. La science et la technologie sont des instruments de savoir. Mais aussi d'obscurantisme si l'on ne les réfléchit pas.

Prière de ne pas penser

Prenons un exemple. En 2005, l'Inserm a produit un rapport intitulé *Les Troubles de conduite chez l'enfant et l'adolescent*, destiné à diagnostiquer une potentielle délinquance chez les enfants, dès leur plus jeune âge, en les stigmatisant dans un carnet de suivi pour mieux identifier les futurs délinquants. Ce rapport a finalement été retiré par l'Inserm après un combat intensif mené par des psychiatres, des psychanalystes et des intellectuels.

Même retiré, ce rapport reste le produit des classifications psychiatriques en cours. Il ne fait que tirer de ces classifications des conséquences pratiques, sans jamais réaliser qu'il travaille sur de la matière humaine, forte d'un vécu, d'une histoire, d'une capacité de conscience et de révélation à soi-même par la parole ; forte aussi d'une capacité de changement.

Il y a de la violence dans ce rapport. Violence dans les termes utilisés et violence redoublée dès lors que le mal-être de l'enfant se voit rabattu sur une prétendue identité perverse et déficitaire qui fatalise les faits et rend caduque *a priori* toute possibilité de réflexion. La seconde conséquence grave de ces classifications concerne le rôle automatisé du psychiatre, réduit à cocher des cases, et qui devient le rouage d'une machine à exclure l'enfant de sa souffrance. C'est le technicien face à l'enfant-objet. Plus que cela, son rôle bascule également du côté de la police. La norme du psychiatre n'est ainsi plus référée au pathologique, au pathos, à l'intérieur, à ce qui souffre dans l'homme, mais à l'extérieur. Elle se voit soudainement référée aux « règles » dont il est transformé en gardien. Or toute norme obéit à un présupposé. Ici, c'est la parole des adultes. La transgresser devient alors un quasi-crime avec la dramatisation qui va avec.

Non, il n'y a pas d'un côté des adultes dont l'autorité serait incontestable et sachant *a priori* ce qui est déviant et ce qui ne l'est pas ; et de l'autre, des enfants dont la norme serait définie exclusivement par l'obéissance, ce qui témoigne que la pensée, la réflexion, l'écoute, et le ressenti ne sont en aucun cas envisageables. En un mot, dans ce monde digne d'Orwell, tout ce qui pose problème chez l'homme : le rapport à l'autre, le fait d'exister, l'amour, la solitude, la souffrance, le fait d'avoir un esprit, un corps, un sexe, d'être vivant mais aussi mortel, tout cela n'est pas censé être source de mal-être ; tout cela n'est pas en droit d'exister. Dans ces classifications, la normale se voit dangereusement confondue avec l'autorité à laquelle on doit se soumettre. Un mot d'ordre : prière de ne pas penser.

Et derrière la violence et la technique, il y a l'industrie pharmaceutique qui produit de nouveaux syndromes, en utilisant « l'organique » pour tenter de les légitimer scientifiquement. En effet, si l'enfant est coupé de son environnement qui peut être pathogène, s'il est interdit de penser la façon dont sont intériorisés les problèmes, si l'enfant est coupé de sa souffrance (de son corps), de sa possibilité de penser et de parler, et si tout cela exagère la violence de l'enfant, c'est pour donner l'illusion que les « troubles des conduites » correspondraient à un sol organique spécifique, que le Dieu « biochimie » pourrait résoudre par on ne sait quel miracle.

Ce courant psychiatrique se trompe en transformant la prédiction en prophétie. À rebours, la connaissance avance en décelant les contradictions existant entre le réel des faits et le savoir que l'on prend pour acquis ; elle porte l'idée que le savoir est faillible, que le savoir déjà là ne peut arrêter le sens du réel des faits. Et ce n'est pas pour rien si la science s'est toujours heurtée à la religion, en ceci qu'en cessant de remettre la charge des raisons à Dieu, ce nouveau chemin la conduisait à contredire la lettre sacrée. Aujourd'hui, c'est la technique qui prend le relais de la religion. Le propre de la démarche technique est d'être une démarche désubjectivée, automatique, qui se contente de faire, et donc de suivre à la lettre un savoir, un chemin tout tracé.

Le technicien, ou l'obligation de reproduire

Or, c'est précisément de cette non-mise en question du savoir, de sa simple application pratique, que le technicien peut prendre le savoir utilisé pour un savoir incarné. C'est à ce joint que se branche la technocratie dont les « experts » sont les nouveaux prêtres. Et si le technocrate se nie au point de sacrifier sa pensée, le bénéfice qu'il tire de cette négation est son identification au pouvoir absolu qu'il prête à tort à tel ou tel savoir scientifique dont il instrumentalise des fragments pour faire autorité et faire ainsi entrer l'homme dans un système réifié, en annihilant toute possibilité de contradiction. C'est par la fétichisation du savoir qu'il peut faire croire qu'il n'y a pas d'alternative à la position choisie. C'est en cela d'ailleurs que l'idéal technocratique contient en lui-même un potentiel de dérive totalitaire.

Mais en quoi l'idéal technocratique, guidé par une exclusion de la pensée si antinomique à la science, parvient-il à aspirer la science derrière laquelle il s'abrite ? Au nom de la preuve, au nom « du savoir scientifiquement prouvé », ce qui l'érige en mythe. La technique parvient à se substituer à la science, en mettant le dernier mot de la science dans la preuve expérimentale, c'est-à-dire dans la technique, en reléguant à un épiphénomène ce qui fait le centre, la palpitation de la démarche scientifique, à savoir la réflexion. Par quoi elle occulte que la « preuve » ne peut en aucun cas démontrer que l'ensemble de la théorie sous-tendant une hypothèse sur le fonctionnement du réel est totalement vrai.

C'est d'ailleurs en cela que les autres formes de recherche scientifique non fondées exclusivement sur l'expérimentation sont invalidées par l'idéal technocratique. Les types de connaissances discursives argumentés sont trop complexes pour être simplement instrumentalisés à des fins de pouvoir. Un pouvoir qui ne peut devenir ici qu'un pouvoir d'exclusion de tout ce qui ne rentre pas dans les rails du savoir fragmentaire, utilisé comme mots d'ordre auxquels l'homme est censé se soumettre sans discuter.

Anatomie de l'énergie statique

Et voilà que l'on excède le champ de la psychiatrie, et même celui de la relation à l'enfant. Ce qui est concerné, ce sont toutes les technosciences, toutes les techniques érigées en formes de pouvoir (littéralement les technocraties), qui figent la pensée, qui mettent du « statique » là où il faudrait faire un trajet, qui tournent rond là où il faudrait tourner casaque. Dans tous les champs (je parle aussi de la politique, de l'économie, de l'administration), la réification guette. Car réfléchir et remettre en cause est plus difficile que tout. En effet, le propre de l'homme est d'avoir peur de l'autre. Dans sa tête, il n'a en face de lui que le fantasme de cette autorité qui sait. C'est bel et bien la peur de cet autre mythique qui le conduit à se fuir, à se cacher sous des rôles, à parler pour ne rien dire, littéralement à parler pour ne pas parler. De peur de quoi ? De peur d'être surpris en flagrant délit de non-savoir.

C'est dire qu'à son insu, à ses dépens, il disparaît de lui-même pour se construire une image artificielle afin de se protéger du regard fantasmatique de cet autre. C'est cette croyance en l'autorité qui sait qui peut le conduire à s'emprisonner dans un moule qui n'est pas le sien, à passer à côté de sa vie, de ses désirs les plus profonds, de peur de rater. Car inconsciemment, il fonctionne en miroir de cette autorité infaillible où l'erreur n'existe pas.

C'est cette peur doublée de croyance en « l'Autre » qui peut le conduire à sacrifier sa vie, en attendant une reconnaissance de cet autre érigé illusoirement en toute-puissance. Une reconnaissance que, de lui-même, il ne s'accorde pas. Enfin, c'est cette peur doublée de croyance aveugle en l'autorité qui sait qui peut le contraindre à miser tout sur l'apparence, à s'identifier à cette autorité, pour susciter le désir de l'autre, ce qui le coupe d'une question centrale dans une simple existence, à savoir ce qu'il désire vraiment pour lui, dans sa propre vie.

Entre le corps et l'esprit

Derrière la prétendue objectivité et neutralité de l'empirisme (de l'ADN à la technocratie), il n'y a en fait que l'inverse, à savoir le retour en force du monde des croyances, du fantasme et de la violence dont l'inconscient nous fait prisonnier. Et pourtant, aucun déterminisme n'est invincible. Dans le champ du rapport de l'homme à son existence, la possibilité de vaincre le déterminisme passe par la prise de conscience qu'il n'y a pas de mur étanche entre le corps et l'esprit. L'esprit lui-même est physique, corporel. Et les traces de la physique de l'esprit se retrouvent dans le corps par le biais des émotions. Lorsque l'extérieur fait effraction dans notre esprit, d'une manière ou d'une autre l'effet se fait sentir dans notre esprit mais aussi dans notre corps. Donc il n'y a pas – c'est la leçon de Freud – d'un côté le normal, et de l'autre le pathologique, mais partout des possibilités de ressaisie rationnelle du sens des symptômes pour renouveler physiquement le rapport du sujet à l'autre, à lui-même et à son propre corps. Oui, dans les allers-retours entre le corps et l'esprit, il y a du jeu, là où les techniques n'engagent que de la répétition et prolongent le fantasme.

13
Un système déshabité

La peur, la haine, la fuite, la croyance en des autorités fantasmées, l'impossibilité d'être soi, tout ce que l'on a trouvé dans la filiation se retrouve dans la société tout entière. Les mécanismes sont les mêmes.

Voilà de nouveau l'homme en fuite

Nous vivons dans un système que je qualifie de déshabité, un système qui pousse l'homme à passer hors de lui du fait de l'impératif de rentabilité qui représente une autorité d'autant plus oppressante et diffuse qu'elle est désincarnée. Voilà de nouveau l'homme en fuite. L'homme en fuite, c'est l'homme en quête d'un but illusoire, la valeur argent à travers laquelle il est réduit à se donner de la valeur. Cette valeur étant extérieure à lui, il est abusé en proie à un système faux qui le condamne à passer à côté de lui puisque la question de son être est mise entre parenthèses, suspendue à un appât illusoire : l'avoir. Et non pas l'avoir seulement pour l'avoir, mais l'avoir destiné à susciter le désir de l'autre.

Passer à côté de soi, c'est passer à côté de la question de son désir ; désir personnel que personne ne peut réaliser s'il n'a pas extériorisé les souffrances issues de son passé, de sa filiation, et que son présent ne fait que réactualiser.

Puisque par essence l'homme ainsi configuré a renoncé à son être, cet être-là est déjà mort d'avoir méconnu sa douleur et sa peur. Il s'est autocondamné à tourner en rond, enfermé dans une logique organisée par le non-droit et qu'il alimente à son insu en reproduisant sans cesse le ratage.

Comment la société s'abîme

La perspective est globale. Au-delà de la filiation, c'est toute une société qui fait fausse route et qui s'abuse elle-même. Ce qui constituait l'ouverture de l'Occident se voit gravement obstrué par la terreur masquant la destruction de la vie sous toutes ses formes : l'homme, la planète, mais aussi la réflexion. Toutes les questions fondamentales qui font que l'homme peut devenir un homme : « qui suis-je ? », « qu'est-ce qu'une relation ? », « qu'est-ce que penser ? », « qu'est-ce que l'amour ? », « comment être heureux dans la vie ? », « quel est le sens de sa vie ? », « qu'est-ce qu'une société de droit ? », toutes ces questions disparaissent, comme ensevelies sous des suggestions consommatrices engloutissant le sens *via* des écrans de plus en plus épais et des politiques de plus en plus abjectes.

Les relents d'horreur éclaboussent et obscurcissent un monde en perte de repères et l'on voit sous nos yeux le socle de la République se déliter pour de lâches intérêts, exclusivement privés, car la chose fondamentale qui tend à être désertée aujourd'hui est l'esprit. La forme de cette désertion est à questionner car elle parcourt à notre insu notre chair qui en est infusée. Le monde va artificiellement vite, la technique donne l'illusion de vitesse qui permet l'évitement. L'évitement de soi, de l'autre, et du monde.

Ce système est déshabité, vidé des forces de l'esprit, abandonné à des zombies qui ne sont pas nous mais nos ombres. Et ce qui est frappant, c'est que l'illusion maintenue d'une société ne tient même plus. Plus personne n'y croit. L'autodestruction qui est immanente à ce système déshabité éclate de toutes parts : les hommes vivent dans la terreur de la précarité, de perdre leur emploi et de ne pas en retrouver. Ils sont paralysés par les menaces qui pèsent sur la nourriture qu'ils mangent, sur les médicaments qu'ils absorbent, sur l'air pollué qu'ils respirent, sur les informations manipulées dont ils sont l'objet, sans compter la casse du service public qui va de la médecine, la justice, l'enseignement à la recherche, etc. Avec en prime un nucléaire mal jugulé et une atmosphère planétaire proche du chaos, le capitalisme ayant presque réussi à mener le monde à une faillite autant mentale et ontologique (l'homme hors de lui-même) que matérielle.

La majorité des hommes est de plus en plus pauvre alors qu'une petite minorité est de plus en plus riche. Car les systèmes de régulation ne remplissent plus leur mission. Il est d'un seul côté, du côté de cette minorité qui profite exclusivement d'une spéculation éhontée des banques et d'une fiscalité faite pour elle. Et cela, faute d'une volonté politique qui rétablisse le droit. Cette iniquité dont la grande majorité est victime pousse les hommes à fermer les yeux, à s'absorber derrière des écrans, à s'étourdir dans des paradis artificiels pour ne plus penser à leur problème étroitement intriqué à un système qui les broie. Et à se réfugier dans le seul rêve que cette société qui tourne au cauchemar propose, à savoir la jouissance que pourrait procurer la richesse ; mythe alimenté par la perfusion médiatique régulièrement injectée dans nos veines de la vie des « people » et du Loto. Le fond du fond est qu'une pente inconsciente et propre à l'homme tend à le conduire dans cette logique de l'avoir qui le fait attendre, fuir et s'oublier.

Les États protègent cette minorité qui s'est approprié les richesses de la planète en expropriant la majorité, en transformant en dette publique les bénéfices privés de cette petite minorité et cela de façon totalement aberrante et destructrice pour l'ensemble du système, mais de façon cohérente avec l'idéal faux qui domine cette société, à savoir cet idéal d'extrême richesse.

Pour l'entretien de ce système dont ils se font les gardiens, ils installent la peur, stigmatisent les étrangers et les jeunes, produisent des lois à tour de bras qui restreignent le droit des gens en amenuisant les libertés individuelles et prouvent jour après jour que l'autorité dont ils se drapent n'est qu'abus de pouvoir. Ils censurent l'information pour se distraire et distraire la population de leur carence réflexive fondée sur l'adhésion totale à ce modèle de société auquel ils ne voient pas d'alternative. Tout cela dans quel but ? Pour cette minorité à qui ils voudraient s'identifier, dans la mesure où elle représente l'idéal de jouissance et de liberté auquel ils aspirent faute d'en entrevoir un autre.

Là est le nœud fondamental à dénouer. Au-delà du système capitaliste génialement analysé par Marx qui avait prédit les crises structurelles qu'il ne pouvait qu'engendrer, le problème est que le droit légalise l'inégalité – là où il était supposé réguler pour préserver la liberté, l'égalité et donc une possibilité de fraternité – et autoaliène l'ensemble de la population dans une logique prostitutionnelle où il n'y a pas d'espace pour l'homme, à savoir ce qui le constitue : la pensée, le corps, la possibilité de créer, de s'aimer et d'aimer.

14
Les conséquences sur l'homme

Comprendre les racines de ce système déshabité, c'est tout l'enjeu. Et comprendre avec les instruments de la psychanalyse ce qui a été tant de fois exposé et rebattu avec une approche économique et politique.

L'abuseur abusé

Marx avait parfaitement mis en évidence l'aliénation généralisée produite par ce système déshabité. Néanmoins, une dichotomie persiste entre les méchants capitalistes exploiteurs et les bons ouvriers, aujourd'hui remplacés par les petits salariés. Si la souffrance réelle est massive du côté de la masse abusée, le problème de fond à traiter est que les abuseurs sont eux-mêmes des abusés. Ce point est fondamental en ceci que ce système tient parce que l'extrême richesse constitue l'idéal auquel adhère l'immense majorité qui perpétue ainsi son emprisonnement et sa souffrance. Le fait étrange est que ce système auto et hétérodestructeur tient malgré la souffrance extrême qu'il engendre. Or cette acceptation de l'intolérable relève de plusieurs problèmes, dont certains sont générés par le système lui-même mais qui, nous le verrons, s'enracinent tous dans un fonctionnement interne et inconscient de l'homme.

Exécuter et s'exécuter

L'abus s'organise autour d'un élément : la logique de l'avoir. Érigée en norme, elle s'appuie sur l'impératif de rentabilité, de performance, le dieu argent. Autrement dit, c'est l'homme qui plonge à l'extérieur de lui-même, qui croit à l'autorité désincarnée, anonyme, irresponsable et s'y soumet. Il n'est plus là quand il agit, il exécute et s'exécute, il applique ce qu'on lui a appris. Il suit les voies déjà tracées en attendant l'effet retour pour lui : la reconnaissance de l'autorité pour laquelle il essaie d'être performant, et le gain d'argent, à savoir une richesse extérieure à travers laquelle il s'attribue de la valeur. De part en part du fonctionnement de ce système, l'homme est en périphérie de lui-même. Il ne jouit pas de ce qu'il fait, il n'est pas dans son action, il ne se sert pas de sa pensée car il s'immerge dans le faire pour ne pas penser. Il ne remet pas en question les ordres, l'impératif qui le pousse à s'instrumentaliser et à se mettre de côté, tant la terreur, la peur du manque ou la peur de l'exclusion sont fortes. Il baigne dans le système sans avoir le recul pour analyser le mal-être qui ne peut qu'en résulter car, de bout en bout de la roue dans laquelle il tourne, il est en reste du sens de son être. Il est abusé par le système (il y croit, il y est collé). De ce fait, il essaie de bien faire et il abuse d'autant que cet abus est légalisé, intégré à la norme sociétale actuelle et a force de loi, tant elle est intériorisée, tant elle n'est pas interrogée.

Voilà l'homme rayé de la carte par l'impératif de rentabilité puisqu'il doit se faire technique et machine pour l'atteindre. La technicité a pris la place de la création jusqu'à ce que se perde tout sens à force de reproduction. Par quoi l'homme n'est pas dans le moment présent. Sa jouissance est précisément dans la suspension du sens et du plaisir. Elle se limite à être dans l'après. Elle s'échelonne de « l'avoir fait » à la reconnaissance de l'Autre. Elle n'advient que lorsque l'homme devient une machine performante vide de pensée et d'émotion. Et dans ce fonctionnement, ce qui est important, ce n'est pas le chemin qui mène au résultat, c'est le résultat déconnecté du trajet. À quoi s'append la notion d'évaluation qui prend une place grandissante dans le public et le privé. Elle s'inscrit dans une déresponsabilisation où les notes menottent les hommes en les contraignant à une servilité infantilisante. Au lieu de débattre de ce trajet qui mène au résultat, le sens du travail est rabaissé dans une preuve validée par une autorité qui sait, ce qui va à l'envers de la pensée créatrice de sens qui dénoue sans cesse le mythe du savoir incarné (et donc le mythe de l'autorité) en générant de nouveaux savoirs.

Un homme si mort

Du fonctionnement de ce système dérivent ses conséquences dévastatrices : un homme qui ne vit plus, tellement mort qu'il ne peut plus être dans le désir. Aussi, pris dans le tourbillon de la négation de soi, en étant pour après, l'individu se voit contraint à se désincarner au point de ne devenir qu'une image, une représentation séduisante pour avoir l'autre.

Ce système déshabité aspire donc ce qu'il y a de proprement humain chez l'homme en l'incitant à ne plus exister et à se limiter à fonctionner. C'est-à-dire, soit utiliser les failles du système mais aussi les failles de l'autre en attendant l'effet retour de substitution de puissance dans le vol et la culpabilité ; soit à être dans le désir de l'autre pour être aimé sans se donner le temps de réfléchir à soi, à ses désirs, à sa conception du bonheur, à sa vie ; ce qui condamne à passer à côté de soi, à ne plus penser et donc à accepter comme une fatalité l'emprise de ce système qui consume l'homme tant qu'il n'y a pas réfléchi.

Le problème est de croire qu'il n'y a pas de transformation possible de ce système dont le mot d'ordre est : « Tu y es, tu te soumets aux impératifs de rentabilité et de performance et tu acceptes de survivre en faisant une croix sur ta créativité comme ton investissement ; tu deviens un moyen et tu prends l'autre comme moyen ; tu es une marionnette qui se croit le marionnettiste de quelqu'un. » Tout cela en vue de quoi ? En vue de la fiction du pouvoir et de l'argent, soit par nécessité soit pour l'illusion d'un toujours plus illimité… qui n'est qu'une course autodestructrice.

Perpétuer à son insu ce qui nous aliène

Mais lorsque l'on s'approche du mythe de l'extrême richesse exalté comme idéal de jouissance et comme seule liberté possible, on s'aperçoit que ce mythe avoue lui-même l'impasse qu'il constitue. Il avoue que pour vivre dans ce système, la seule issue est de s'en échapper, unique chose à quoi sert l'argent à profusion : pouvoir s'exclure. D'où la légitimation à peine voilée du vol, de l'absence d'éthique, de la corruption et de la lâcheté. D'où, aussi, l'acceptation tacite et généralisée de privilèges destinés exclusivement aux plus riches, car ils constituent aux yeux de la majorité l'idéal de sortie de cette société clairement inhabitable ; biais inconscient par où l'immense majorité aliénée perpétue à son insu ce système dont elle souffre. D'où, enfin, la conséquence anesthésiante de cette fuite, le malaise grandissant qui en découle, lié à la difficulté à penser par soi-même, à écouter ce que l'on ressent, à remettre en cause « les valeurs » en cours, elles-mêmes héritées du passé.

L'idéal du manque

Mais il y a plus dans cette course à l'avoir. L'écart riches-pauvres se creusant de plus en plus du fait de l'absence de redistribution réelle des richesses, la crainte de la précarité fait passer l'argent d'un niveau secondaire à une dimension essentielle par nécessité mais également par peur du manque. Car, par un fait de structure mentale, le propre du manque est d'être transmué en idéal. En d'autres termes, la minorité ultra-riche, à l'origine de ce système et qui s'est annexé la lâcheté des États, imprime par force son modèle à l'ensemble de la population en contraignant, par le manque ou la peur du manque, les gens à se conformer et à adhérer à la fiction de leur idéal qui n'équivaut pourtant qu'à une illusion. C'est en cela que le propre de ce système pervers est de s'alimenter en s'autodétruisant[1], de centrifuger l'ensemble de la population dans une course vers sa perte, tendance que seules la pensée et la création pourraient inverser. Mais comme il n'y a personne là-dedans et que la société n'est plus centrée sur l'homme (conscience, être, désir, amour, corps, joie), les ténèbres sont en train de se refermer sur la jouissance de l'autoréflexion et de la création.

1. Les plus incroyants sont toujours les plus adhérents. Moins on croit qu'on croit, plus on colle à l'autorité, plus on croit à la fatalité de ses symptômes. Le Diable est la face cachée de Dieu, c'est la fatalité, c'est la croyance exclusive à la nécessité : au déterminisme inconscient. Dieu, c'est symboliquement la possibilité de redéterminer la détermination, ce en quoi c'est la position la plus haute. Comme dit très justement Julia Kristeva dans son livre *Thérèse mon amour*, le plus catholique c'est le Diable.

Il y a quelqu'un ?

Dans la décadence, une seule morale : prends l'oseille et tire-toi. Ce qui veut dire : « Prends ton plaisir comme un voleur (le plaisir mettant le sujet à découvert, ici, il s'agit de prendre son plaisir en se cachant derrière une autorité tellement le sujet ne se sent pas en droit de jouir), et continue à te fuir dans la peur qui, à force de ne pas te faire penser, te fait chuter. » Dans ce mécanisme, il y a un effet autoaspirant qui produit la fuite des bénéfices vers la petite minorité ultra-riche et l'indexation à la seule matérialité et au paraître qui finit par tuer le sens.

Moins l'homme se pense et plus il se vide, plus il bloque ses émotions, et investit son énergie dans une carapace destinée à se protéger des autres ce qui, du même mouvement, va bloquer son accès à lui-même et chercher le regard (et l'amour) de l'autre, par peur de s'affronter lui-même et de connaître le champ de ses souffrances. Par quoi il passe son temps à faire illusion et à donner le change au lieu d'échanger. Ce qui se traduit dans les faits par des échanges de banalités où rien n'est dit, où la parole est destinée à cacher ce dont on souffre, ce que l'on ressent, ce que l'on pense, ce qui nous fait plaisir. Du coup, face à l'autre, on donne le change, on vend une image pour séduire parce que l'on passe son temps sans le savoir à couvrir ses blessures ; on se réduit à son insu à acheter l'amour ; la relation à l'autre équivaut alors à un rapport prostitutionnel de peur de l'intrusion de l'autre. Ce qui fait que personne n'est là.

Et c'est un véritable engrenage. L'homme ainsi mis entre parenthèses a, paradoxalement, plus peur que tout du moment où il pourra se retrouver, moment qu'il décale sans cesse, parce que la liberté effraye comme la vraie jouissance, celle qui passe par soi – et qui nous met forcément en danger d'avoir des émotions et d'être à nu –, conditionnant la possibilité de joie et d'amour.

15
Logique de l'avoir

Dans l'homme comme dans la société, une même racine du mal : la spéculation. Spéculer consiste en une mise sur une action boursière, un titre plus qu'une société en tant que telle – anonyme, la bien nommée – et surtout une mise sur une hausse ou une baisse. Il n'y a pas d'engagement, pas d'incarnation, seul un dieu caché et hors des choses, destiné à fuir l'aventure que représente une entreprise pour n'être que dans l'après, dans l'effet-retour.

C'est dans la mesure où la spéculation financière n'engage pas l'homme qu'elle est du côté de l'irresponsabilité. Il n'y a pas de création, rien que de l'utilisation. De ce fait, la spéculation est complètement vide. Loin d'être seulement économique, la faillite actuelle est donc tout aussi psychanalytique, car à tout système social est adossé une forme d'homme… qui n'est ici plus qu'un zombie. Le mal individuel est un mal collectif, le mal de millions d'individus.

La spéculation est à l'origine de la ruine d'États entiers (coextensive à la ruine mentale) et globalement le symptôme et l'effet de la décadence de l'Europe. Les richesses ont été aspirées par ce biais dans l'engrenage avide de l'avoir ; les populations obligées d'entrer dans ce rouage par nécessité, ce qui contraint à l'oubli de soi (en tant que peuple) et ainsi à l'extinction de toute créativité. Mais dans cette mauvaise jouissance spéculative, il n'y a que de la déception, de l'addiction, une course sans fin pour se masquer la réalité et s'étourdir. Aussi, l'important est qu'en se court-circuitant lui-même, en se volant sa propre jouissance et en volant l'autre, se légitime le vol tacitement accepté qu'est la spéculation. En somme, elle est un système externe qui fait lui-même écran à un système interne non analysé.

Voie sans issue

La violence inhérente à ce système est partout. Et elle est d'abord chez l'homme contre lui-même. Quand l'homme ne prend plus le temps de se connaître, de réfléchir à ses difficultés, à sa vie, à sa conception du bonheur, à ce qu'il est, face à l'afflux de heurts auxquels la vie le confronte, dont il bloque les effets émotionnels de peur que l'autre ne voie ses failles et n'en abuse, l'homme en arrive à une haine de lui-même, à quoi s'ordonne la haine de l'étranger. Car l'étranger (l'être rangé) est le symbole du différent qu'il est et qu'il ne parvient pas à être. Face à la haine grandissante de lui-même déchargée à l'occasion sur l'autre, il est inévitablement conduit à aspirer à une autorité qui mette de l'ordre en lui, tant il se perd à se fuir.

Le problème de cette voie où il n'y a jamais d'arrêt, c'est qu'elle est condamnée. L'avoir ne pouvant se substituer à l'être, la jouissance spéculative ne peut être qu'avortée, car le propre de la déception est d'entretenir le manque. Et de l'insatisfaction naît l'avidité. La boucle est bouclée.

Jouissance de la création

Il existe pourtant une autre jouissance que celle de l'avoir, une autre jouissance que celle de l'abus et de la transgression. Une jouissance autrement plus dense à savoir la jouissance de la création. C'est une jouissance capable de découvrir un nouveau sens et du même coup de se modifier soi en transformant le point de vue que l'on a sur la réalité externe. La jouissance de la pensée, contrairement à la jouissance de l'avoir, peut apporter à soi et à l'autre. C'est une jouissance génératrice de liberté, d'ouverture productrice de sens là où la jouissance de l'avoir est une jouissance de fermeture, de prise pour le repli où le sujet se condamne. Là où la jouissance de l'avoir passe par l'autre d'abord pour venir en retour à soi de façon inépuisable fondant forcément une quête d'amour éperdue, la jouissance de la création passe par soi d'abord et revient à soi et à l'autre du même mouvement en transformant le sujet et l'autre par la transmutation de point de vue qu'ouvre la création.

Soi pour survivre

À cet égard, nombre d'intellectuels stigmatisent et déplorent l'individualisme actuel. Or, si le problème de cet individualisme est réel, cette stigmatisation et cette culpabilisation le posent mal. D'une part, ils voient à tort un égoïsme dans ce repli alors que ce prétendu égoïsme n'est qu'un mécanisme de survie dans un système qui broie les hommes. D'autre part, ils voient à tort dans l'identification au collectif la solution à ce problème réel.

Cette fuite individualiste témoigne précisément, à contre-pente, du fait que l'individu qui se fuit essaye de se dissoudre et de s'abolir dans le collectif (le collectif symbolisant d'ailleurs inconsciemment la famille), pour abuser et pour s'abuser, ce en quoi l'identification au collectif ne peut qu'être le masque d'un individualisme qui ne dit pas son nom.

Le chemin du collectif, le bon, passe inévitablement par soi, soi capable de ne pas se liquéfier dans le regard de l'autre, soi debout et capable d'assumer son désir.

16
La capacité de s'aimer

Alors refaisons le trajet.
De l'enfant à l'adulte.
De l'individu à la société.
De l'avoir à l'être.
De la souffrance à la libération.
De l'abus à sa conjuration.
Des fausses autorités à la responsabilité.
De la haine à la capacité de s'aimer.

À l'origine est la question de l'enfant et de l'amour parental. C'est autour de ce problème que va se produire la construction inconsciente. Au départ, l'enfant est à la merci de ses parents, il dépend d'eux matériellement mais surtout de l'amour qu'il reçoit d'eux. Il ne sait rien du monde qui l'entoure, il ne sait pas qui il est. Il a un corps, une tête, un sexe, des sens, il est en rapport avec ses parents, il sent des choses mais tout ça fonctionne comme une donnée dans laquelle il baigne et qu'il interrogera pas à pas. Face à ces inconnus que sont le monde et l'autre, lui-même, étant issu de ses parents et étant sous leur dépendance, l'enfant va leur transférer un savoir absolu sur lui et sur le monde. De ce transfert de savoir fondateur naît l'amour absolu que l'enfant éprouve pour ses parents. Cette passion – sans que l'enfant le sache – est liée à sa détresse primordiale fondée sur une méconnaissance de soi et de l'autre. Et moins il reçoit d'amour, plus l'amour est non-dit, plus il va confondre l'amour et la haine, sa demande d'amour et l'amour qu'il reçoit, plus il sera à l'envers. C'est en cela que, plus il souffre plus il essaie de plaire, de trouver la reconnaissance de ses parents, en oubliant sa propre plaie, de peur d'une perte d'amour… et plus il passera après.

Mais plus l'emprise est forte, plus la violence règne, moins l'enfant est écouté, moins il a d'espace pour penser, plus il est obligé de croire que seuls ses parents savent ; plus il intègre comme vrai tout ce qu'ils lui disent et principalement le négatif, moins il a la possibilité d'exister. D'où la perte de repère qui surgit avec la violence qu'il confond avec l'autorité ; d'où son acceptation de sa disqualification quelle que soit sa réalité, comme venant de lui. C'est bien toute la difficulté de relation parent/enfant, pleine d'amour mais aussi totalement dissymétrique, toujours au bord de l'abus – et d'autant plus si le parent n'a pas réglé ses propres problèmes, déchargeant ainsi sa charge historique sur l'enfant qui lui sert inconsciemment et sans mauvaise intention de vide-ordures.

Ce mécanisme n'est pas propre à la seule relation parent/enfant. Il parcourt la société : la toute-puissance exerce une réelle fascination, particulièrement si elle est violente. Elle hypnotise, elle téléguide, elle induit de la soumission, mais aussi elle permet de ne pas penser. Elle décharge de sa responsabilité (collectivement, cela s'appelle le totalitarisme). Plus la violence subie est forte, plus l'individu (parent, enfant, collaborateur, collègue, fils, mari, épouse...) aura tendance à bloquer sa haine, à s'interdire de la ressentir pour ne pas la subir.

Ainsi, c'est parce que l'enfant croit ses parents, qu'il vit à travers eux, qu'il a peur de les décevoir et qu'il fait tout pour eux, qu'il légitime même le sentiment d'abandon comme une punition méritée. Cette construction très précoce enracinée dans l'inconscient imprime sa direction à la logique de l'avoir. Si le propre de l'homme est de courir après la reconnaissance de l'autre et de s'oublier, c'est que lui-même s'est fait « avoir », qu'il a pris sur lui ce qu'on lui a dit de négatif à défaut de prendre conscience de ce qu'il subissait et de l'anormalité de sa souffrance. Il peut même se mettre à devenir ce qu'on lui a dit qu'il était de négatif. Car si son désir de reconnaissance le faisait courir derrière l'Autre sans savoir qu'en réalité il courait derrière lui-même, cette course s'avère liée à une infériorisation par rapport à ses parents. Infériorisation dérivée de l'enfance dont il était pris-au-nier. Car on ne peut se réaliser qu'en réalisant ce qu'on a vécu, ce qui suppose de s'affranchir du fantasme de l'Autre que représentaient ses parents, fantasme auquel on se soumet inconsciemment par besoin de protection, ce qui pousse à l'irresponsabilité.

C'est en fait valable pour chacun, pas seulement pour les enfants, mais pour tous les moments de sa vie : la tendance à se réfugier derrière des autorités, à douter de soi, à choisir de rater par peur d'être libre, d'être soi, à chercher à plaire au lieu de suivre son désir, et à endosser ce que les autres disent de négatif comme un réel manque. De l'enfant à l'adulte, de l'individu à la société, de l'abus (de soi et de l'autre) à la capacité d'en sortir et de s'aimer soi-même (et les autres), il y a un même chemin, une même matrice.

Et pour chaque scène répétée, chaque cas de symptôme, chaque moment enfoui et réactivé au présent, la clé est dans le mot refoulé ; ces mots qui nous épinglent en nouant plusieurs sens dont la conscience n'a qu'une seule face. Ils soustraient le sens à la conscience, agissent à notre insu nous présentant la réalité sous le masque du destin et de la fatalité. Et comme l'individu n'a aucune idée du sens soustrait à sa conscience, il ignore qui il est. C'est à partir de là qu'il abusera et qu'il se fera abuser. Néanmoins, l'abuseur est aussi toujours abusé lui-même car l'abus est la marque de l'aliénation à l'autre, de la dépendance enfouie dans l'inconscient et révélée par l'extérieur. L'inconscient frappe toujours à la porte du sujet. L'important est que l'on ne boit ce qui est dit que parce que l'on ne croit que ce qu'on a déjà bu. C'est aussi le propre de la technique et de la technocratie : répéter et répéter encore. Or, très bizarrement, plus les gens ont souffert, plus ils ont du mal à se rappeler leur souffrance et être affecté par ce qu'ils racontent ; plus ils ont reproduit en constatant l'échec et plus ils sont enclins à reproduire, en toute bonne foi.

La psychanalyse pour sauver des vies

La psychanalyse permet d'aller au-delà du jugement moral que le sujet exerce sur lui-même avec son pendant de culpabilité car il pourra se rendre compte des mécanismes inconscients qui poussent à un comportement qu'on ne supporte pas en soi. Prenons l'exemple de la lâcheté, au lieu de culpabiliser sur sa propre lâcheté, on peut entendre dans ce mot soi-même « là jeté », « là je tais », « là je t'ai », « là je te hais » ; autant de sens insus que le sujet peut ressaisir par le son, par l'ouïe, s'il découvre les faits dont il était l'effet, en quoi il y était réduit par l'autre et quelle était la visée du symptôme dans lequel il était pris. Cette chute du pouvoir des mots concomitante de l'accès à ce flot de sens refoulé libère la parole. Alors que d'ordinaire, on se sert des mots, du vocabulaire pour faire écran à soi, pour détourner, distraire l'autre de ce que l'on vit comme son manque pour s'en protéger, en se délivrant du sens refoulé dont le sujet est prisonnier, il s'affranchit de sa peur de l'autre, de la peur de son regard, et du même coup de la peur d'extérioriser ce que de lui il ne veut pas qu'on sache. Il sera ainsi délivré de la peur de se tromper coextensive du fantasme surmoïque de l'autorité qui sait et qui juge.

Une fois encore, de l'enfant à la société, il n'y a qu'un pas. L'abuseur abuse en tant qu'il a été abusé. Ce que la filiation et l'adoption mettent en lumière, c'est un mécanisme social plus large dans le système déshabité, dans tous les domaines de la vie. C'est donc cette souffrance de l'abuseur qu'il faut aller chercher. De la même manière, la violence n'est pas dans la libération de la toute-puissance d'un parent pour l'enfant, ou d'une quelconque toute-puissance pour la société. Elle est en amont, dans le contrôle de ses émotions qui pousse à s'oublier soi-même. Ce que la filiation a révélé est aussi valable pour les relations sociales à bien plus grande échelle. Quant à la désertion de ses responsabilités, là encore, la famille n'est qu'un exemple de la difficulté à assumer son désir et à le porter comme une belle passion qui, en permettant de se réaliser soi-même, tend la main à l'autre. La filiation métaphorise la société.

Alors voilà le grand enjeu : la capacité de s'aimer.

Puisque les mots ont un sens

Ce qui choit avec le fantasme de la toute-puissance de l'autre – quand il est dénoué par l'analyse – c'est le rapport dominant/dominé, le rapport sujet/objet, le rapport plus/moins qui organise de façon souterraine le nouage des signifiants refoulés. Aussi, l'essentiel est qu'avec la libération de la parole advient la libération de l'esprit. C'est l'avènement du sens et la chute des mots sous le sens. C'est à cette condition que le sujet peut entrer en lui sans crainte d'un Autre fantasmatique qui saurait *a priori*, qu'il peut analyser ce qu'il ressent, ce qu'il a compris, ce qu'il a appris, ce qu'il voit, ses erreurs, ce qu'il entend, ce qu'il fait, ce qu'il vit. C'est dans cette nouvelle circulation de l'esprit au corps que s'ouvre, avec la chute de l'Autre, la palpitation du cœur. La libération de l'esprit, c'est le chemin de la liberté, du désir, de la jouissance et du bonheur pensable. Le sens en tête, c'est l'érotisation de la vie, c'est le présent et non l'après. C'est la sortie de la peur de soi-même et le retour des sens, c'est la sortie du jugement appliqué à soi-même. Enfin c'est le passage de la logique de l'avoir à la logique de l'être, de la survie à la vie. Remonter cette trajectoire inconsciente ouvre un accès à ce que l'on fait. En revisitant sa souffrance derrière ses symptômes, le sujet s'apercevra que derrière l'impression d'avoir subi se trouve une part active, et il verra où il était. L'inconscient est d'une richesse subliminale inouïe.

Freud a différencié les étapes de ce chemin à partir du rapport au corps. L'horizon freudien du développement humain est la conciliation de l'amour et du sexe (et non son ordinaire confusion). Mais si Freud découvre la dimension métaphorique des rapports de l'enfant à ces différents bouts de corps à partir de l'enjeu qui se joue avec l'autre, il omet la question de l'être qui est au centre de ces différents franchissements. Ce que Lacan a, lui, mis au cœur du trajet inconscient de façon lumineuse. L'être ne peut se concevoir comme une entité concrète, arrêtée, toute-puissante, mais doit l'être comme un fonctionnement, une circulation de sens qui suppose d'abord la libération de la parole, puis la découverte de l'esprit. C'est-à-dire à la prédominance du sens sur les mots pour s'affranchir du fantasme de l'Autre à travers lequel on s'est construit. Aimer n'est possible qu'en ayant analysé en quoi l'amour posait un tel problème chez l'homme. Car cette libération de l'amour n'est pensable qu'en advenant à la libération de la parole, à la libération des sens et du sens, c'est-à-dire à l'avènement de la pensée.

Revisiter réellement son passé implique d'extérioriser cette peine d'enfant. À cette condition, pas à pas, ce qui adviendra est quelque chose de basique mais de fondamental dans la vie, à savoir la conscience de soi, et donc le commencement du plaisir (car plus on a souffert sans réaliser sa souffrance, moins on a de corps, moins on a de sexe, moins on s'habite, plus on court derrière son sexe, derrière des émotions). Avec cette conscience de soi vient aussi la réintégration de sa place d'enfant, la compassion que l'on peut retrouver pour soi, enfant en souffrance… et donc la possibilité de s'aimer car ce que l'homme n'aime pas en lui, c'est d'abord l'enfant en souffrance qu'il a été et qu'il renie.

Pouvoir aimer

Pour pouvoir aimer l'autre et être aimé, pour donner une crédibilité à ce que l'on pense, à ce que l'on dit, pour pouvoir s'entendre et du coup être tendre avec soi-même, il faut commencer par s'aimer, au lieu d'attendre d'être aimé par quelqu'un d'idéalisé pour pouvoir s'aimer, ce qui condamne l'amour à la déception et au ratage.

Ainsi – et c'est l'enseignement majeur – dans la filiation comme dans la société, guettent les mêmes maux, trait pour trait : la logique de l'avoir, celle de l'abolition de soi, la haine que l'on a en soi, qui, toutes, conduisent à l'autodestruction. Les mécanismes sont donc les mêmes. Et, dans l'intimité familiale comme dans la vie collective, ils assaillent l'individu, lui qui hésite, qui a peur d'être libre, de suivre son désir, de construire sa vie ; lui qui aime avoir la bénédiction d'une autorité, et ce faisant ressent l'humiliation et la haine que produit le besoin de demander la permission.

La capacité de s'aimer, c'est celle de rompre cette chaîne, tant individuelle que sociale, celle de prendre son destin en main et son désir au sérieux. La capacité de s'aimer, c'est être face à sa terrifiante capacité d'agir, au risque de prendre des coups soi-même – tout ce que se terrer sous une autorité extérieure évite, sauf que dans ce cas, la haine grandit en soi. La capacité d'aimer, c'est être à la barre de sa propre responsabilité, ne plus se cacher, craindre mais regarder sa crainte en face, ne plus haïr et se haïr.

On ne peut se défaire de ce mal interne comme externe qu'à la condition de prendre conscience du fonctionnement souterrain qui nous anime sans qu'on n'en sache rien, ignorance que renforce ce mode de comportement organisé pour ne pas savoir qui l'on est, d'où l'on vient, où l'on va et pourquoi – seul, avec son enfant, ou collectivement. Or, curieusement, pour retrouver l'amour réel, la possibilité d'aimer, il faut avoir été au bout de sa haine.

Le corps du psy

Je voudrais, pour conclure, dire quelques mots de l'analyse. Car c'est à travers elle que se joue le passage de la haine à l'amour.

Au départ, c'est un rapport. L'analysé parle de l'autre, il ne sait quasiment pas qu'il existe et lorsqu'il raconte son histoire, très souvent au lieu de parler de lui dans sa relation avec ses parents, il parle de ses parents dont il a adopté l'histoire. Cela peut aller à un tel point que leur histoire lui a fait oublier la sienne et le plus souvent il croit que tout s'est bien passé. Il idéalise son enfance qu'il a oubliée.

En racontant, il se souvient. Au fur et à mesure, il va parler de son histoire, de ses rapports à ses parents, à l'aide d'un psychanalyste, il va s'intéresser à l'essentiel, à savoir lui. L'analyste commence par faire parler l'analysant de son histoire, de ses souffrances, de ce qui le coince. En le faisant parler, il va entendre des choses et il va faire entendre un sens caché à son patient qui concerne son être.

Par les questions de l'analyste, ce qui va se mettre en action dans le déroulement de son passé, ce sont les sentiments, le ressenti, l'autoréflexion. Le patient va apprendre, à force d'être entendu, à entendre ce qu'il dit, au-delà de ce qu'il voulait dire ; à force d'être écouté, à s'écouter, c'est-à-dire à prendre au sérieux ses émotions, ses sentiments, ses souffrances en leur donnant du sens.

À force d'être questionné sur son ressenti, il va apprendre à ressentir et dérouler les méandres de tout ce qu'il ignore de lui. En retrouvant le chemin de la parole, il va retrouver le chemin de la pensée. Car en fin d'analyse, il n'aura plus besoin de parler à quelqu'un pour s'analyser, il pourra penser dans le silence à ce qui du réel l'a décentré. La fin de l'analyse c'est le moment de la conjonction de ces trois abstractions : ressenti, silence, autoréflexion.

Lentement se construit un nouveau point de départ dans la vie : une relation avec soi-même dont on ne pressentait pas l'existence. L'individu va apprendre à se prendre en considération, à s'accepter dans toutes ses dimensions humaines, à se réintégrer, à s'aimer en autoréfléchissant ce qui vient de lui. C'est-à-dire à se penser sans se juger et à circuler différemment dans le sens, le corps et l'esprit.

Face à ses enfants comme face au monde, la psychanalyse entérine la possibilité d'être soi, seul accès possible à l'amour.

TABLE

Mise en pages PCA
– 44400 Rezé

IMPRIM'VERT®

Achevé d'imprimer
par Corlet imprimeur
14110 Condé-sur-Noireau

Dépôt légal : avril 2015
N° d'imprimeur : 172881
Imprimé en France